मातृसत्ता, पितृसत्ता और जारसत्ता

खण्ड-तीन

प्रेमचन्द : सामन्त का मुन्शी

'मातृसत्ता, पितृसत्ता और जारसत्ता'
पर
डॉ. धर्मवीर की
स्त्री-पुरुष के सम्बन्धों पर
पुस्तक-शृंखला

खण्ड-एक : कामसूत्र की औलाद

खण्ड-दो : तीन हिन्दू स्त्रीलिंगों का चिंतन

खण्ड-तीन : प्रेमचन्द : सामन्त का मुन्शी

खण्ड-चार : थेरीगाथा की स्त्रियाँ और डॉ. अम्बेडकर

खण्ड-पाँच : दलित सिविल कानून

In English

Bijak Paternity

or

Back to the Ajivak Morals

सम्पादन : सीमन्तनी उपदेश

वाणी प्रकाशन

21-ए, दरियागंज, नई दिल्ली-110002

फोन : 23273167, 23275710, 51562622 फैक्स : 011-23275710

e-mail : vani_prakashan@yahoo.com

vani_prakashan@mantraonline.com

मातृसत्ता, पितृसत्ता और जारसत्ता

खण्ड-तीन

प्रेमचन्द : सामन्त का मुन्शी

डॉ. धर्मवीर

वाणी प्रकाशन

वाणी प्रकाशन

4695, 21-ए, दरियागंज, नयी दिल्ली 110 002

शाखा

अशोक राजपथ, पटना 800 004

फ़ोन : +91 11 23273167 फ़ैक्स : +91 11 23275710

www.vaniprakashan.in
vaniprakashan@gmail.com
sales@vaniprakashan.in

MATRASATTA, PITRASATTA AUR JARSATTA : KHAND-TEEN
PREMCHAND : SAMANT KA MUNSHI
by Dr. Dharmveer

ISBN : 978-81-8143-377-0
Criticism

संस्करण 2005, 2007, 2012
आवृत्ति 2017

मूल्य : ₹295

एशियन प्रिंटर्स, दिल्ली-110 093 में मुद्रित

वाणी प्रकाशन का लोगो मक़बूल फ़िदा हुसेन की कूची से

स्वामी अछूतानंद को
जिन की निगाह के सामने प्रेमचन्द थे

—धर्मवीर

भूमिका

प्रेमचन्द के समय में भारत में हिन्दू कौम पूरे रूप से शासक नहीं थी लेकिन हिन्दू धर्म, हिन्दू समाज और हिन्दू परिवार पर उस का दबदबा सिरे से कायम था। उसे केवल अंग्रेजों से अपनी राजनैतिक आजादी हासिल करनी थी। दलित और उन की स्त्रियाँ उन के पहले से गुलाम होते आए थे और उन्होंने अपनी स्त्रियों को भी अपने घरों में कैद कर रखा था। घर से बाहर उन की स्त्री के निकलने का मतलब उस का वेश्या या रखैल में तब्दील हो जाने से था जो 'कामसूत्र' के अनुसार नायिकाओं के रूप में अनुमत था। घर से बाहर स्त्री उन्हें इसी परदारा और परकीया रूप में मन्जूर थी—वह 'गीतगोविन्द' की राधा हो या सिद्धों की कोई और—अर्थात 'चाण्डाल कन्या'।

किसी भी शासक कौम की साहित्य में नुमाइन्दगी जरूर होती है—और हिन्दू कौम प्रेमचन्द के समय में गांधी के नेतृत्व में शासक कौम बनने की ऐसी जद्दोजहद कर भी रही थी। फिर, देश के इतने बड़े भूगोल के विस्तार में एक ही उद्देश्य के लिए रणनीतियों की विभिन्नताओं का होना लाजिमी था। इसी सन्दर्भ से प्रेमचन्द के रूप में हिन्दू कौम की एक खास रणनीति पेश आती है। चूँकि, बिना ज्यादा लोगों को साथ लिए राजनैतिक स्वतन्त्रता की प्राप्ति असम्भव और अकल्पनीय घोषित हो चुकी थी, इसलिए, मजबूरी में सामन्त चरित्र के साहित्यकारों को अपने हाव-भाव में कुछ बदलाव लाने, और अपनी लिख-बोल की भाषा में वे ज्यादा दिखलाने, पड़ गए थे। आमूल चूल परिवर्तन करने का या गरीबों के हक तक जाने का कोई सवाल नहीं था पर उधर डा. अम्बेडकर ने दलितों के लिए पृथक मांगों को रख कर अतिरिक्त और वास्तविक दबाव बना दिया था।

हिन्दू अंग्रेजों से लड़ रहे थे तो वे राज्य के लिए लड़ रहे थे, न कि राष्ट्र के लिए। राष्ट्र और राज्य को ज्यादातर घालमेल करके पेश किया जाता है। हिन्दुओं की तरफ से स्वतन्त्रता आन्दोलन की लड़ाई में राष्ट्र का अंश कम था और राज्य का अधिक। तभी उन्होंने स्त्री के रूप में पारिवारिक और दलितों के रूप में सामाजिक सुधारों को एक तरफ रख दिया था। ज्यादातर विदेशियों का राज्य रहने की वजह से इस देश में राष्ट्र का सिद्धान्त बेइज्जत रहा है। कुछ बचता था तो उसे ब्राह्मण नष्ट कर देता था। उस का गुस्सा राष्ट्र पर ही उतरता था। उसे कमाने की कही, या उस की बात न मानी गई, तो वह सीधे राष्ट्र पर वार करता था—क्रुद्धो ब्राह्मणो हन्तो राष्ट्रः। और तो और, बौद्ध साहित्य से भी यही पता चलता है कि उस की पहचान राष्ट्रहन्ता की है। 'धम्मपद' का 294 वां पद इस प्रकार है :

मातरं पितरं हन्त्वा राजानो द्वे च खत्तिये।
रट्ठं सानुचरं हन्त्वा अनीघो याति ब्राह्मणो।।[1]

इस पद का अनुवाद डा. भदन्त आनन्द कौसल्यायन ने किया है लेकिन वह शाब्दिक के साथ-साथ प्रतीकात्मक भी है। प्रतीक छोड़े जाएँ तो उन का अनुवाद इस प्रकार ठहरता है :

"....माता....पिता....दो क्षत्रिय राजाओं....अनुचर....
और....राष्ट्र का हनन करके ब्राह्मण निष्पाप होता है।"[2]

'धम्मपद' इस पद में ब्राह्मण की प्रशंसा कर रहा है, लेकिन मुझ जैसा दूसरा व्यक्ति इस में उस की निन्दा ही मान रहा है।

राष्ट्र राज्य और समाज की भीतरी शक्ति होता है। यदि एक भी स्त्री या पुरुष का अपमान होता है तो वहाँ राष्ट्र समाप्त हो जाता है। लेकिन यहाँ जातियों के रूप में वर्गों के वर्ग बना कर असंख्य लोगों को अछूत कह कर अपमानित किया जाता है। इसे राष्ट्र और राष्ट्र का निर्माण कौन कहेगा? किसी भी स्त्री की लज्जा की रक्षा करने में स्वयं सर्वोपरि घोषित ब्राह्मण को शहादत देनी चाहिए थी—पर वह स्वयं ही उस की इज्जत उतारने पर लगा हुआ है। यह राष्ट्र को शक्तिशाली बनाने का कौन-सा लक्षण और तरीका है?

---

1. धम्मपद, अनुवादक डा. भदन्त आनन्द कौसल्यायन, बुद्ध भूमि प्रकाशन, कामठी रोड, नागपुर-441 002, सातवाँ संस्करण, 14 अक्तूबर 1996, पृ.-70
2. वही, पृ.-70

प्रेमचन्द पर लिखी इस छोटी पुस्तक में इसी नजरिये से देखा गया है कि वे दलित और स्त्री के मामले में समय के दबाव के बदले हुए सामन्ती विचारों के व्यक्ति और प्रतिनिधि साहित्यकार थे। मूल्यांकन में उन के योगदान को कम करके नहीं आँका जा रहा है, और मैं उन सब से सहमत हूँ जो उन की प्रशंसा करते हैं, बस, एक फर्क साफ-साफ बताया जा रहा है कि प्रगतिशीलता का अर्थ इतना निरपेक्ष न बनाया जाए कि भेष बदलवा कर प्रतिक्रियावाद को जनवाद और सामाजिक सुधार कहा जाए। पाठकों को पता चलेगा कि प्रेमचन्द अपने मूल सामन्ती संस्कारों में ज्यों के त्यों डटे हुए हैं। हाँ, कई रणनीतियों में से एक रणनीति के स्तर पर इतिहास की ऐसी घूर्णियाँ चक्कर काटने लगती हैं जब सामन्त को अपनी गुलाम प्रजा की बात सुननी और अपनी आवाज में उस की आवाज मिलानी पड़ जाती है।

20 जून, 2005 —**धर्मवीर**

तिरुवन्ततपुरम

विषय सूची

भूमिका	7
प्रेमचन्द : सामन्त का मुंशी	13
सन्दर्भ	81
सन्दर्भ साहित्य	89
डॉ. धर्मवीर के स्त्री सम्बन्धी लेखों पर बहस	93

प्रेमचन्द : सामन्त का मुंशी

I

शिवरानी देवी प्रेमचन्द ने अपनी पुस्तक 'प्रेमचन्द : घर में' में सब से पहली चार लाइनों में निम्न सूचना दी है—"प्रेमचन्द का जन्म बनारस से चार मील दूर लमही गाँव में सावन बदी 10, संवत् 1937 (31 जुलाई, सन् 1880 ई.) शनिवार को हुआ था। पिता का नाम अजायबराय था, माता का नाम आनन्दी देवी। आप कायस्थ दूसरे श्रीवास्तव थे।"[1]

अब मेरे लिए यही मुख्य बात है कि प्रेमचन्द कायस्थ थे। भारत के जातीय वातावरण में किसी लेखक की जाति जानने से उस के साहित्य को समझने में काफी मदद मिलती है। सही मूल्यांकन के लिए साहित्यकार की पैदायश जानने से लाभ ही लाभ होते हैं। इस से मनुष्य के सामाजिक वातावरण और लौकिक सरोकारों का पता चलता है। कोई व्यक्ति शून्य में नहीं रहता—साहित्यकार बिलकुल नहीं रहता। कोई मनुष्य सार्वभौमिक नहीं है। विश्व-नागरिक बनने के लिए भी व्यक्ति को अपने मकान नम्बर और गली का नाम लिखना पड़ता है। इसी भले सन्दर्भ में कहा जा रहा है कि प्रेमचन्द कायस्थ थे।

'कायस्थ' संस्कृत भाषा का शब्द नहीं है। इस की व्युत्पत्ति संस्कृत की धातुओं से नहीं निकलती। बताया गया है कि पाणिनि को और उन से पहले के किसी शास्त्र या आचार्य को इस शब्द का ज्ञान नहीं है। बाद के स्मृतिशास्त्रों में कायस्थ के प्रति घृणा दर्शाने के लिए इस शब्द का ब्राह्मणों के द्वारा धड़ल्ले से प्रयोग हुआ है। शायद, 'कायस्थ' कुछ ऐसा शब्द है जैसे 'डेमोट्रिटस' से 'दिमित्र' और 'मिनान्डेर' से 'मिलिन्द' बना है। नृपेन्द्र कुमार दत्त ने अन्दाज लगाया है कि फारसी भाषा का 'ख्शायथिया'[2] शब्द 'कायस्थ' बना है। यदि यह अनुमान सही है तो केरल की दूरी तक वहाँ की एक

महत्वपूर्ण जाति 'थिया' से इस का सम्बन्ध जुड़ सकता है।

ब्राह्मण ने कायस्थ को शूद्र सम्वोधित किया है और कायस्थ ने भी हमेशा ब्राह्मण को चुनौती दी है। कायस्थ की मूल विचारधारा ब्राह्मण-विरोधी है। धर्म के क्षेत्र में प्राचीन काल में कायस्थों ने बौद्ध धर्म को अपना कर ब्राह्मण धर्म को पीछे हटाया था। इस मामले में आज वह दिग्भ्रमित है लेकिन विवेकानन्द के रूप में हिन्दू स्वामी बनने के बाद भी ब्राह्मणों का और उन के शास्त्रों का जितना विरोध उन्होंने किया है उस से उन का कुछ कायस्थपन जरूर उजागर होता है।

कायस्थ कौम की दिक्कत यह रही है कि यह अपना कोई धर्म खड़ा नहीं कर सकी। कारण यह था कि इस में धर्म खड़ा करने के योग्य माद्दा और त्याग नहीं था। उस के लिए इसे सिख-गुरुओं की तरह कुर्बानियाँ देनी पड़ जातीं जो इस के स्वभाव में नहीं थीं। राजकाज और प्रशासन से जुड़ी होने के कारण यह कौम अपना काम चतुराइयों और चालाकियों से चलाती रही। सच बात यह है कि होशियारी से इस का यह काम लगभग चलता भी रहा।

प्रेमचन्द कायस्थ कौम के उसी धर्म के अभाव में खड़े हो कर हिन्दी और उर्दू में साहित्य सृजन कर रहे थे। उन में कायस्थ का अनिवार्य गुण ब्राह्मण-विरोध है लेकिन कोई दिशा और विकल्प नहीं है। कभी गांधी का दामन पकड़ते हैं और कभी कुछ और—वही जो कायस्थ के मस्तिष्क की सनातन समस्या है। आचार्य नरेन्द्रदेव हों या कोई दूसरे बाबू सम्पूर्णानन्द—सब इधर-उधर भटके हुए और भागे हुए फिरते हैं। अपना कोई खूंटा नहीं है। ईमानदारी यह है कि ब्राह्मण-विरोध से कभी चूकते नहीं। कभी उलटी होड़ में पड़ कर ये महर्षि तक बन जाते हैं, जहाँ जा कर ये ब्राह्मण से पूर्णतया हार जाते हैं। खुद ब्राह्मणी वर्ण-व्यवस्था के शूद्र हो कर कहने लगते हैं कि विश्व में वेदविद्या के प्रचार के लिए अपने आश्रमों में जन्मना ब्राह्मणों को ही प्रवेश देंगे। ऐसी हालत पर शोचनीय हो कर यही कहा जा सकता है कि ये सब कुदरत के खेल हैं। इस कौम की संभावना यह थी कि यह हिन्दुस्तान के सारे शूद्रों और दलितों के लिए नया धर्म खड़ा कर के उन्हें धार्मिक नेतृत्व प्रदान करती लेकिन यह राजकाज और लगान के खातों में फेर-बदल करती और ब्राह्मण से उलझती आपाधापी में पड़ी रही। जब कभी इस के मन में धार्मिक इच्छा ने जोर पकड़ा तो बौद्ध काल में बौद्ध भिक्षु बन गई और हिन्दू काल में हिन्दू स्वामी बन गई। दोनों ही स्थितियों में यह अनुयायी होने की हारी हुई बाजी खेलती है। हारी हुई बाजी इसलिए क्योंकि ब्राह्मण के पास अपने वेद और शास्त्र हैं जबकि कायस्थ के पास अपना ऐसा कुछ नहीं है। इस कौम की मुश्किल और लाचारी देखिए कि आज इसे ब्राह्मणों के वेदशास्त्रों का सहारा ले कर ही ब्राह्मणों का विरोध करना पड़ता है। ऐसी धार्मिक हताशा में यह कुछ भी अप्रत्याशित घटित कर बैठती है। रणनीति में इतनी हारती है कि बाबू राजेन्द्र प्रसाद के रूप में डा. अम्बेडकर की पैरवी के हिन्दू कोड बिल का विरोध कर जाती है। पण्डित जवाहर लाल नेहरू नाम के ब्राह्मण

को मुफ्त में प्रगतिशील होने का खिताब दिलवा देती है जबकि नेहरू एक ब्राह्मण होने के नाते हिन्दू कोड बिल के मामले में पूरे पिछड़े हुए आदमी थे।

आगे के पृष्ठों में बताया जाएगा कि एक कायस्थ के रूप में प्रेमचन्द का मस्तिष्क साहित्यिक रचनाओं के रूप में दलितों के प्रति किस प्रकार की प्रतिक्रियाएँ कर रहा था। यहाँ उन से पहले बंगाल में जन्मे एक दूसरे महान कायस्थ और हिन्दू स्वामी विवेकानन्द के धार्मिक विचारों के बारे में जाना जाए कि वे शिक्षा के क्षेत्र में दलितों को ले कर क्या सोच रहे थे।

मेरे पास एस. के. बिश्वास की अंग्रेजी में लिखी एक किताब है। इस का नाम 'हिन्दू राज : टुडे-येस्टरडे-टुमारो' है। सवाल इस बात का था कि दलितों को ले कर द्विज समाज अपना क्या रवैया अपनाए। मुसीबत यह थी कि ब्रिटिश राज के चलते द्विजों के लिए भंगियों और चमारों को अपने गले लगाने की नौबत आ पड़ी थी। मुसीबत छोटी-मोटी नहीं थी और इस के उपाय निकाले जाने थे। हिन्दू स्वामी विवेकानन्द ने उपाय बताया था—"जब तक भारत का शासन ऐसे राजा द्वारा किया जाता रहेगा जो (बुरे और अच्छे) कार्यों के लिए बिना उन के वर्णों और जातियों का अन्तर किए समान दण्ड और पुरस्कार देता है तब तक निम्न जातियों की प्रगति जारी रहेगी और वे जीवन के हर क्षेत्र में आगे निकल जाएंगी।"[3] इस हिन्दू स्वामी ने अपने हिन्दू धर्मावलम्बियों को चेताया था—"....अब यूरोपियन लोग उन गँवारों और अनपढ़ निम्न जातियों को, जो धोतियों को ऊपर सिकोड़े खेतों में काम करती हैं और अनार्य नस्ल की हैं, शिक्षा प्रदान कर रहे हैं। वे हमारी कुछ नहीं लगतीं। यह बात हमें कमजोर करती जा रही है तथा यूरोपियनों और निम्न जाति के लोगों को फायदा पहुँचा रही है।"[4]

II

दलित पीड़ा के बारे में कहा जा सकता है कि जब बादशाह सामने है तो बादशाह के नाटक कैसे? जब भंगी लिख रहा है तो दूसरों को उस की तरफ से लिखने से विरत हो जाना चाहिए। जब स्मृतियों के आदेश चले थे कि शूद्र को शिक्षा मत दो तो उस का एक उदारवादी उद्देश्य यह भी था कि उन की तरफ से भी द्विज ही लिख देंगे। सही बात है, कोई गैर-दलित लेखक बेटी के ब्याह में कम दहेज देने की थोड़ी-बहुत गरीबी का अनुभव कर के भंगी की तरफ से सहानुभूति वाला साहित्य लिख सकता है। लेकिन, यहाँ सवाल यह है कि दूसरों के घर का मैला ढोने वाली वह अपनी भंगन को कहाँ से लाएगा? बहन भंगन की इज्जत पर जो हमला और जुल्म हो रहा है वह उस अनुभव को कहाँ से प्राप्त करेगा? भंगन के रूप में वह अपनी मामी और फूफी के साथ हुए बलात्कार की चीत्कार को कैसे जानेगा? मामला गरीबी तक सीमित नहीं है,—मामला गरीबी का बिलकुल नहीं है—बल्कि दलित औरतों के यौनाचार की गुलामी का है। उस रोने वाले ज्ञान को कोई उदारवादी हिन्दू कैसे व्यक्त करेगा? यह वैसी पीड़ा है जिस में भंगी 'चमार नम्बर एक' और चमार 'भंगी नम्बर दो' हो जाता है। इसलिए, ईमानदारी की बात यह है कि दलित साहित्य के लेखन को ले कर गैर-दलित लेखकों से काम बिगड़ता ही है, सुधरता नहीं।

अपने कथानकों में द्विज लेखक क्या करते है? पात्रों के चयन में और जारकर्म के चित्रण में चूहड़ी के सने हाथों का ध्यान नहीं रखा जाता। लम्पट ब्राह्मण वामवार्गी बन कर कहीं भी निवेदन कर बैठता है। पहली बार चूहड़ी यही सोचती है कि निहाल कर दूँ या न करूँ। दूसरे क्षण वह खुद पाप की गंगा में गोते लगा जाती है। फिर, चितकबरे बच्चे पैदा होते हैं—कोई काला, कोई गोरा। किसी की नाक सुँआ-सी तो किसी की खोपड़ी गोल-गोल। किसी की आँख भूरी और किसी की ठोड़ी पिचकी हुई। बाप कोई, पति कोई,—फलाने का पड़छावा पड़ गया था। पेट पड़ने के दिन पन्डित जी का मुँह दीख गया था।

ऐसे साहित्य की समीक्षा का एक सामान्य सिद्धान्त निकाला जा सकता है कि

अनिवार्य तौर पर कहानियों और उपन्यासों की नायिकाएँ चूहड़ी और चमारी बनाई जाती हैं। उन की बेटियाँ और बहुएँ जमीदार रूपी बलात्कारी बाजों के बीच कबूतरियाँ बना कर छोड़ दी जाती हैं—कब झपट्टा मार लें। बस, थोड़ी देर के लिए चूहड़ी और चमारी को बदजबान करा दिया जाता है। यह ऐसे साहित्य के सामाजिक परिवर्तन और सांस्कृतिक पुनर्जागरण की इतिश्री होती है। नायकों के रूप में उन के मर्द और बेटे गायब हैं, युद्ध में बाप और पति का कहीं नामोनिशान नहीं है। बताइए, बलात्कार और जारकर्म की सांस्कृतिक गुन्डागर्दी से अकेली माँ-बेटी कैसे लड़ पाएंगी, जहाँ विष्णु वृन्दा से कुकर्म करता है? अपने मर्दों के बिना वे निहत्थी खड़ी की जाती हैं। उन के झाड़ू और टोकरे धरे के धरे रह जाते हैं। भंगी और चमार के हाथ की खाल काढ़ने वाली छुरी का कहीं पता नहीं होता। सारे मर्द कफन-खसोट के घीसू और माधव बना दिए जाते हैं। इस में कुछ भी बुराई नहीं है कि दलित नारियाँ नायिकाएँ बनाई जाएँ, यह तो बड़ी अच्छी बात है, पर तब नायक भी चमार और चूहड़े होने चाहिए। चमार और चूहड़ों को खलनायक बना कर या उन्हें पूरे दृश्य से गायब कर के गैर-दलितों को नायक क्यों बनाया जाता है? असल में, चमारों के बारे में लिखी गई प्रेमचन्द की बहुचर्चित कहानी 'कफन' में सच का 'एक बटा नौ भाग' ही कहा गया है। कफन का 'आठ बटा नौ भाग' अनकहा रह गया है जो प्रेमचन्द के पेट में है। केवल साहित्य की दलित समीक्षा ही उस पूरे आइसबर्ग को बाहर लाएगी।

सारी कहानी नए सिरे से स्पष्ट हो जाती यदि प्रेमचन्द इस कहानी की आखरी लाइन में दलित जीवन का यह सच लिख देते कि बुधिया गाँव के जमीदार के लोंडे से गर्भवती थी। उस ने बुधिया से खेत में बलात्कार किया था। तब, शब्द दीपक की तरह जल उठते और सब कुछ समझ में आ जाता। अपेक्षा ज्यादा की थी लेकिन घीसू और माधव इतना ही विद्रोह कर सके थे कि जमीदार के बच्चे को अपना बच्चा नहीं कहेंगे। यह असली दलित पीड़ा है—इसे कौन कहेगा—दलित या गैर-दलित? दलित का असली शोषण यह है कि कई बार उस की कथित औलाद उस की असल औलाद नहीं है। इस शोषण के सामने आर्थिक शोषण कितना छोटा पड़ जाता है! गैर-दलित लेखक दलित के किस शोषण की बात कर रहे हैं? असली शोषण की उन्हें भनक भी नहीं है। फिर, यदि यौन-अपराधियों की ही पूजा की जाती है, उन्हें ही मान-सम्मान देना है तो 'बलात्कारियों को सजा दो', 'उन्हें फाँसी दो'—की महिला संगठनों की मांगों का क्या रह जाता है?

भारत की सुप्रीम कोर्ट को इस बात का पता है। उस ने दलित के इस दर्द को समझा है जब लिखा है—"इस में कोई सन्देह नहीं है कि ऐसी स्थिति कुछ मामलों में पति से ऐसी सन्तानों का भरण-पोषण करने की अपेक्षा कर सकती है जिन का वह संभवतः पिता न हो। किन्तु विधान मंडल ही विधि की कठोरता में परिवर्तन ला सकता है, न कि न्यायालय।"[5] लेकिन कितने गैर-दलित लेखक इस कानून को बदलवाने में संसद की

मदद करेंगे? मैं कह रहा हूँ—एक भी नहीं। उन का सारा साहित्यिक लेखकपन मिनटों में रफूचक्कर हो जाएगा। मेरे पास लिखित प्रमाण मौजूद है कि खुद प्रेमचन्द इस कानून को बदलवाने में दलित की मदद नहीं कर सकते थे। यहाँ बाबरी मस्जिद से बड़ी मस्जिद तोड़ी जा रही है और यहाँ सोमनाथ से ज्यादा पवित्र मन्दिर ध्वंस किया जा रहा है—यहाँ दलित का बसा-बसाया घर तोड़ा जा रहा है। उदारवादी हिन्दुओं ने दलित का साथ देने को मजाक बना लिया है, ऐसा कहने का एक फैशन और मुहावरा चला लिया है, लेकिन सच बात यह है कि उन के लिए एक कदम भी सही दिशा में आगे बढ़ना सम्भव नहीं है। हाँ, यह सुन कर कैसा लगेगा जब कहा जाएगा कि इन्दिरा गांधी जवाहर लाल नेहरू की बेटी नहीं थी? फिर क्या नेहरू उसे पढ़ाने के लिए टैगोर के शान्ति निकेतन में भेजेंगे? वे ऐसी नाजायज पैदा लड़की का गला घोंट देंगे। ऐसी व्यवस्था और ऐसे कानून की गाज केवल दलित पर गिरती है। लेकिन घीसू और माधव का चमार हो कर यह पहला ज्ञात विद्रोह है जो मुंशी प्रेमचन्द की कहानी 'कफन' में व्यक्त हुआ है।

यहाँ एक बात और कहूँ कि मुझे प्रेमचन्द की इस कहानी 'कफन' पर कुछ भी नहीं कहना था यदि वे इस में 'चमार' शब्द का प्रयोग न करते। यहाँ यह भी बता दिया जाए कि 'चमार' से मेरा मतलब किसी भी जाति के प्रयोग से है। जाति के बिना प्रेमचन्द प्रगतिशील, जनवादी और मार्क्सवादी भाषा-शैली में अपनी बात कहते। इस की उन्हें मनाही नहीं थी बल्कि पूरी-पूरी स्वतन्त्रता थी। तो, उन्होंने भारत की सामाजिक व्यवस्था के पारम्परिक और बहु प्रचलित शब्द 'चमार' का प्रयोग जानबूझ कर किया है।

'कफन' पर कफन से बाहर जाने की जरूरत क्यों है? इस के दो कारण हैं। पहला कारण यह है कि प्रेमचन्द ने इस कहानी में 'चमार' शब्द का प्रयोग किया है। यह घीसू और माधव की कहानी नहीं है बल्कि 'चमार घीसू' और 'चमार माधव' की कहानी है। बुधिया मात्र 'बुधिया' नहीं है, बल्कि 'चमारी बुधिया' है। कहानी में 'चमार' शब्द कम्प्यूटर के 'हाइड एण्ड शो' की तरह हर जगह जुड़ा हुआ है। कहने का मतलब यह है कि कहानी में घीसू और माधव शराब में धुत हो गए हैं लेकिन उन का 'चमारपन' पूरा जाग्रत और होश में है। 'चमारी बुधिया' के नाम में 'बुधिया' मर गई है लेकिन 'चमारी' शब्द उस के मरने के बाद भी बचा रह गया है। दूसरा कारण यह है कि प्रेमचन्द ने घीसू और माधव के व्यवहार की व्याख्या की है। यदि वे व्याख्या न करते तो समीक्षा में कहानी से बाहर जाने की आवश्यकता नहीं थी लेकिन उन्होंने घीसू और माधव के व्यवहार का एक कारण बताया है। यहाँ प्रेमचन्द खुद अपनी कहानी के क्षेत्र से बाहर चले गए हैं। उन का काम घटना को सामने रखना था, अपने अधिकार का प्रयोग करते हुए वे घटनाओं को पेचीदा बना सकते थे, लेकिन एक कहानीकार के नाते उन का यह हक नहीं बनता था कि वे घटनाओं की स्वयं व्याख्या करने बैठ जाएँ। यह काम उन्हें पाठकों पर छोड़ देना चाहिए था।

प्रेमचन्द ने घीसू-माधव के इस व्यवहार का कारण क्या बताया है? कारण इस

प्रकार है—"जिस समाज में रात-दिन मेहनत करने वालों की हालत उन की हालत से कुछ बहुत अच्छी न थी और किसानों के मुकाबले में वे लोग, जो किसानों की दुर्बलताओं से लाभ उठाना जानते थे, कहीं ज्यादा सम्पन्न थे, वहाँ इस तरह की मनोवृत्ति का पैदा हो जाना कोई अचरज की बात नहीं थी।"[6] इस कारण को बताने की वजह से यहाँ दलित समीक्षक को अधिकार मिलता है कि वह प्रेमचन्द की दृष्टि को दुरुस्त करे।

ऐसी स्थिति में प्रेमचन्द को मालूम होना चाहिए था कि दलित की मुसीबतों का एक पूरा दलित शास्त्र हुआ करता है। यह दलित शास्त्र क्या है और यह किस हद तक लागू होता है? मोटे रूप में यह शास्त्र दो चीजों से बना है। इस का पहला भाग 'अस्पृश्यता' का है और दूसरा भाग 'बलात्कार और जारकर्म' का है। दलित पुरुषों के साथ अस्पृश्यता और दलित नारियों के साथ बलात्कार और जारकर्म—ये इस के दो बड़े विभाजन हैं। ये किस हद तक लागू होते हैं? ये दोनों शत-प्रतिशत लागू होते हैं क्योंकि ये जातीय आधार पर हैं, व्यक्तिगत आधार पर नहीं। यदि अस्पृश्यता व्यक्तिगत आधार पर होती तो एक चमार अछूत हो सकता था और दूसरा चमार अछूत नहीं हो सकता था। लेकिन नहीं, चमार होने का मतलब अछूत होना है, इस से कोई एक चमार भी बच कर नहीं जा सकता। यही दलित नारियों के बारे में है। हिन्दू जार की दृष्टि में हर चमारी बलात्कार और जारकर्म की निगाह से देखी जाती है। हिन्दू जार एक चमारी में और दूसरी चमारी में अन्तर नहीं करता। कोई एक चमार कह सकता है कि उससे छुआछूत नहीं बरती गई लेकिन उस का कारण यह हो सकता है कि अभी वह सभी स्तरों की छुआछूत के सम्पर्कों में नहीं आया है। उस से यही कहा जा सकता है कि वह इन्तजार करे कि उस के साथ छुआछूत बरतने का समय कब आता है। ऐसे ही, एक दलित नारी कह सकती है कि उस के साथ बलात्कार या जारकर्म नहीं हुआ, लेकिन यहाँ भी यही कहा जाना है जो ऊपर दलित पुरुष के लिए कहा गया है। अस्पृश्यता और जारकर्म को ले कर हिन्दू के मन के भीतर के भाव को जानना चाहिए जो मौका मिलते ही बाहर प्रकट हो जाता है।

III

पुनः कहा जाए कि प्रेमचन्द को पूरी आजादी थी कि वे 'कफन' कहानी को बिना घीसू, माधव और बुधिया की जात का बखान करते हुए लिख सकते थे। यह उन पर बन्दिश नहीं थी कि वे अपने हर पात्र की जात बताएंगे या उछालेंगे ही। ऐसा भी नहीं था कि उन्हें इस तरह कहानी न लिखनी आती हो या उन्होंने न लिखी हों। उदाहरण के तौर पर उन की कई कहानियों के नाम लिए जा सकते हैं।

ऐसी एक कहानी 'ठाकुर का कुआं' है। इस का प्रकाशन अक्टूबर 1932 में हुआ था। इस में जोखू नाम के एक व्यक्ति की कहानी है। कान्ति मोहन उस के बारे में अपनी पुस्तक 'प्रेमचन्द और अछूत समस्या' में लिखते हैं—''कहानीकार ने उस की जाति नहीं बतायी, लेकिन विवरण से लगता है कि वह चमार था। चमार न भी रहा हो, अछूत जरूर था।''[7] यहाँ कान्ति मोहन को अन्दाज लगाना पड़ रहा है कि प्रेमचन्द की इस कहानी के पात्र जोखू की जात क्या रही होगी। उन की एक अन्य कहानी 'सती' मार्च 1917 में प्रकाशित हुई थी। इस के बारे में भी कान्ति मोहन लिखते हैं—''..... 'सती' की नायिका की जाति नहीं दी गई, फिर भी कहानी में ऐसे संकेतों की कमी नहीं कि शायद वह भी चमारिन ही हो। बहरहाल, वह किसी दलित या पिछड़ी जाति की ही सदस्य है।''[8]

कान्ति मोहन अपनी पुस्तक में प्रेमचन्द की 'ठाकुर का कुआं' से बाहर की कहानियों के पात्रों और पात्राओं की जातियों को ले कर एक जायजा लेते हैं। यह सर्वे इस प्रकार है :

1. 'घरजमाई' शीर्षक की कहानी का नायक हरिधन है। कान्ति मोहन लिखते हैं—''कहानी में कहीं भी उस की जाति का उल्लेख नहीं है। केवल दो संकेत ऐसे हैं जिन से यह नतीजा निकाला जा सकता है कि वह किसी पिछड़ी या अछूत जाति का सदस्य है।''[9]

2. ''ऐसी ही एक और कहानी है–'सुभागी'।....कहानीकार ने पूरी कहानी में नायिका की जाति का उल्लेख नहीं किया। अलबत्ता 'घरजमाई' की भांति ही 'सुभागी' में भी दो सूत्र ऐसे हैं जिन से यह निष्कर्ष निकाला जा सकता है कि वह किसी पिछड़ी जाति की सदस्य है।''[10]

3. '' 'मुक्तिमार्ग' नामक कहानी के दो प्रमुख पात्र हैं–झींगुर और बुद्धू।....लेकिन प्रेमचंद ने झींगुर की जाति नहीं बतायी। तो भी, कहानी में एकाध संकेत ऐसा है जिस से यह नतीजा निकाला जा सकता है कि वह अछूत तो नहीं है लेकिन है किसी पिछड़ी जाति का ही।''[11]

4. '' 'मंत्र' के नायक बूढ़े भगत की जाति का भी कहानी में कहीं जिक्र नहीं, लेकिन यह भी अनुमान लगाना गलत न होगा कि वह भी किसी पिछड़ी जाति का ही सदस्य रहा होगा।''[12] इस कहानी में जात तो जात, प्रेमचन्द ने नायक का नाम तक नहीं दिया है। कान्ति मोहन लिखते हैं–''कहानीकार ने उसे कोई नाम तक देना जरूरी नहीं समझा, केवल बूढ़ा या भगत कह कर ही काम चला लिया है। फिर भी, कहानी में इस अनुमान के आधार मौजूद हैं कि बूढ़ा भगत किसी पिछड़ी जाति या कबीले का सदस्य रहा होगा।''[13] कान्ति मोहन अपने अन्दाजे में आगे बढ़ते हैं–''....बूढ़ा भगत कंजर, भील या नट जैसे किसी कबीले का सदस्य रहा होगा। यह भी हो सकता है कि वह चमार हो. ...।''[14]

5. ''ऐसी ही एक कहानी 'स्वामिनी' है....। कहानी में नायिका रामप्यारी के ससुर शिवदास की जाति नहीं बतायी गयी है। उन के घर की सम्पन्नता से लगता है कि वह अछूत जाति से सम्बद्ध तो नहीं ही रहा होगा, लेकिन कहानी में कई संकेत ऐसे हैं जिन से लगता है कि वह किसी ऊँची जाति का सदस्य भी नहीं हो सकता।''[15]

6. '' 'पूस की रात' का नायक हल्कू भी किसी पिछड़ी जाति का ही सदस्य लगता है।''[16]

7. '' 'अलग्योझा' शीर्षक कहानी में भी भोला महतो की जाति नहीं बतायी गयी लेकिन कहानी में मिलने वाले संकेतों से यही लगता है कि वह अहीर या कुरमी जैसी किसी पिछड़ी जाति के सदस्य थे।''[17]

8. "....'आधार' शीर्षक कहानी का नायक मथुरा भी किसी पिछड़ी जाति का ही सदस्य है।"[18]

9. ".....कहानी 'विषम समस्या' का नायक एक चपरासी है। कहानीकार ने जाति क्या उसे नाम तक देने की जरूरत महसूस नहीं की। सब उसे गरीब कहते हैं। हो सकता है कि गरीब उस का नाम ही रहा हो। प्रेमचन्द ने इस चरित्र का जिस तरह निर्माण किया है उसे पढ़ कर यही अनुमान होता है कि गरीब किसी पिछड़ी जाति का सदस्य रहा होगा।"[19]

इन कहानियों का सर्वे करने से पहले ही कान्ति मोहन ने निष्कर्ष निकाल लिया था कि प्रेमचन्द का दृष्टिकोण जातियों का न हो कर, व्यापक था। वे लिख चुके हैं—"शायद इस व्यापक दृष्टिकोण के कारण ही प्रेमचन्द अपनी कहानियों में अक्सर पात्रों की जाति का उल्लेख तक नहीं करते। ऐसे में उन के रीति-रिवाज या आचार-व्यवहार से ही यह अनुमान लगाया जा सकता है कि उन का सम्बन्ध तथाकथित 'दलित' या 'निम्न' जातियों से है।"[20] यदि ऐसा है तो प्रेमचन्द ने अपनी इस 'कफन' कहानी में यह शुरू में ही क्यों बताया है?—"चमारों का कुनबा था और सारे गाँव में बदनाम।"[21] मेरे प्रश्न का खास महत्व इस दृष्टिकोण से भी है कि कान्ति मोहन और अन्य लोग यह जानते हैं कि "......1936 में उन की मृत्यु से कुछ ही दिन पहले प्रकाशित 'कफन'.....''[22] कहानी थी। तब सवाल यह भी है कि प्रेमचन्द का आखिरी समय सुधरा है या बिगड़ा है।

प्रसंगवश, यहाँ मैं 'कफन' कहानी में प्रयुक्त हुए इस एक शब्द 'कुनबा' पर भी विचार करना चाहता हूँ। मुझे नहीं मालूम, प्रेमचन्द इस शब्द का कितने अर्थों में प्रयोग कर सकते थे। यह क्षेत्रीय अन्तर भी हो सकता है। मैं खड़ी बोली के मूल क्षेत्र मेरठ का निवासी हूँ। मेरठ में कुनबे का मतलब बहुत बड़े कुटुम्ब से होता है। एक कुनबे में बहुत सारे लोग होते हैं। कुनबा घीसू, माधव और बुधिया से मिल कर नहीं बन सकता। कुनबे में ऐसा हो ही नहीं सकता कि बुधिया ऐसी बेगौरी मर जाए। उस में घीसू और माधव की भी जरूरत नहीं होती, ऐसे मामलों को कुनबा अपने आप सम्भाल लेता है। घीसू और माधव कितने भी लापरवाह, आलसी और कामचोर हों, कुनबे में बुधिया बेगौरी नहीं मर सकती थी। मेरठ के क्षेत्र में चमारों के बुजुर्ग निर्गुण गाया करते हैं—"म्हारा कुणभा भारी, सन्तो, म्हारा कुणभा भारी।" चमारों के पास दुनिया का और कुछ हो न हो, पर हर गाँव और हर शहर में उन का कुनबा तो भारी होता ही है। इसलिए, घीसू, माधव और बुधिया को मिला कर शब्द 'कुनबा' का प्रयोग या तो क्षेत्रीय स्तर का प्रयोग है या फिर प्रेमचन्द द्वारा साहित्य के स्तर पर यह अशुद्ध प्रयोग है।

'कुनबे' के चक्कर में यहाँ मूल बात छूटी ही जा रही है, जो मुझे कहनी है। मुझे यह कहना है कि जब प्रेमचन्द ने अपनी 'कफन' कहानी में 'चमार' शब्द का प्रयोग

किया है तो 'चमार' के सामाजिक इतिहास से जो ध्वनित होता है, वह अर्थ भी उन्हें जरूर पकड़ना चाहिए था। समय का ज्यादा फासला नहीं है, प्रौढ़ अवस्था के प्रेमचन्द कायस्थ सन् 1936 में 'कफन' कहानी लिख रहे हैं तो सन् 1940 में युवा दलित कवि डा. गया प्रसाद 'प्रशान्त' अपनी कविता 'धर्म की आड़ में' लिख रहे हैं। दोनों पूर्वी उत्तर प्रदेश के हैं। दोनों का विषय एक ही है—चमार की औरत। प्रेमचन्द प्रसव पर आ रुके हैं तो डा. गया प्रसाद 'प्रशान्त' ने बलात्कार से शुरूआत की है। बलात्कार के बाद ही यह प्रसव-वेदना उभरी है। यहाँ हमने अब तक प्रेमचन्द की 'कफन' कहानी का ब्यौरा बहुत कुछ सुन लिया, अब तनिक डा. गया प्रसाद 'प्रशान्त' की कविता भी सुन ली जाए। कविता की कुछ पंक्तियाँ इस प्रकार हैं कि गैर-दलित लोग दलितों की बहू-बेटियों को किस नजर से देखते हैं :

"खूबसूरत औरतों को शूद्र घर रहने न दो।
जिस तरह से बन सके बेटी बहू सब छीन लो।।
नीच कौमी औरतों से दिल लगाने में मजा,
होंगे खुश भगवान तुमको दे नहीं सकते सजा।।
कंजड़ी से इश्क करके फल अयोध्या का मिलेगा।
देखलो करके मुहब्बत हुस्न का गुलशन खिलेगा।।
दिल अगर धोबिन से मिल जाये तो मथुरा का सफर,
मेहतरानी से बनारस का मजा लो बेफिकर।।
एक चमारिन से तुम्हें प्रयागफल मिल जायेगा।
पाप से छूटोगे, दिल टूटा हुआ खिल जायेगा।।"[23]

IV

मेरी जानकारी में कफन के बारे में हिन्दी में दो समास प्रचलन में हैं—कफ्फन-खसोट और कफ्फन-चोर। इस से आगे चार और मुहावरे इस प्रकार मिलते हैं :

1. कफन को कौड़ी न रखना।
2. कफन को कौड़ी न रहना।
3. कफन फाड़ कर उठना।
4. कफन सिर से बांधना।[24]

उर्दू में अरबी-फारसी भाषाओं में प्रयुक्त होने वाला एक अन्य शब्द 'कफ़न दुज़्द' का है। इस का अर्थ है—"ऐसा धूर्त चोर जो मुर्दे का कफ़न भी न छोड़े, बहुत ही बेईमान; कब्र से कफ़न निकाल कर उस से अपना खर्च चलाने वाला।"[25] इसे 'कफन चोर' ही माना जाना चाहिए।

प्रेमचन्द ने 'कफन' को ले कर नया विकास क्या किया है? उन्होंने एक नया अर्थ जोड़ा है—'कफन खाऊ'। लेकिन 'कफन खाऊ' कितना भी गम्भीर अर्थ वाला शब्द हो, कार्गिल के युद्ध में शहीदों के लिए खरीदे गए ताबूतों के मामले में कमीशन खाने के लगाए गए आरोपों से छोटा ही बैठता है।

अब पूछा जाए,—क्या प्रेमचन्द इस कहानी को लिखने के अधिकारी थे? लेखक का अधिकार होता है कि वह अपने दायरे के किसी भी विषय पर लिखे लेकिन उस की ईमानदारी की जाँच जरूर होनी चाहिए। वह जाँच कैसे की जाए?

प्रेमचन्द की पत्नी शिवरानी देवी प्रेमचन्द की पुस्तक 'प्रेमचन्द : घर में' का एक अध्याय 'सन् 1936, 25 अगस्त' है। ये प्रेमचन्द के अन्तिम दिन थे। इन्हीं बीमारी के दिनों में उन का शिवरानी से जो एक वार्तालाप हुआ, वह इस प्रकार है :

> आप बोले—'अच्छा एक और चोरी सुनो। मैंने अपनी पहली स्त्री के जीवन-काल में ही एक और स्त्री रख छोड़ी थी। तुम्हारे आने पर भी उस से मेरा सम्बन्ध था।'
>
> मैं बोली—'मुझे मालूम है।'

यह सुन कर वे मेरी ओर देखने लगे। उस देखने के भाव से ऐसा मालूम होता था जैसे वे मेरे मुंह को पढ़ लेना चाहते हों। मैंने उन को अपनी तरफ देखते देख कर निगाह नीची कर ली। बड़ी देर तक वे गम्भीर हो कर मेरे चेहरे की ओर देखते रहे। मैं शर्म से सिर झुकाए थी। बार-बार मेरे दिल के अन्दर खयाल हो रहा था कि इन बीती बातों के कहने का रहस्य क्या है?

कुछ देर बाद बोले—'तुम मुझ से बड़ी हो।'

उन के इस कथन का रहस्य मेरी समझ में बिलकुल नहीं आया। मैं बोली—'आज आप को हो क्या गया है? मैं बड़ी हो सकती हूँ?'

तब आप हँसते हुए बोले—'तुम हृदय से सचमुच मुझ से बड़ी हो। इतने दिन मेरे साथ रहते हुए भी तुमने भूल कर भी जिक्र नहीं किया।'

यह सुन कर मैंने उन का मुँह बन्द कर कहा—'मैं इसे नहीं सुनना चाहती।'[26]

मुझे यहाँ इस बारे में कुछ नहीं कहना कि प्रेमचन्द ने अपनी पहली पत्नी छोड़ दी थी। शिवरानी ने उन से कहा था—"आप पुरुष थे, आप मुझे ब्याह लाए, वे तो घर में बैठी हैं। यह क्या स्त्रियों के साथ अन्याय नहीं है?"[27] उन्हीं पहली स्त्री को ले कर शिवरानी ने प्रेमचन्द से कहा था—".....उस का जीवन मिट्टी में मिला दिया!"[28] पर मुझे यहाँ कुछ और कहना है। मुझे कहना है कि अब प्रेमचन्द शिवरानी का यह जवाब सुन कर बहुत प्रसन्न हैं कि शिवरानी को उस तीसरी औरत से प्रेमचन्द के अवैध सम्बन्धों के बारे में मालूम था परन्तु उन्होंने इतने दिन उन के साथ रहते हुए भी कभी भूल कर भी उन से जिक्र नहीं किया। पर शिवरानी का एक जवाब और हो सकता था। वे कह सकती थीं—"मेरा भी, आप के साथ इतने दिन रहते, एक पराये मर्द से सम्बन्ध रहा है।" तब प्रेमचन्द की प्रतिक्रिया क्या होती? लेकिन शिवरानी का वैसा जवाब न होते अब प्रेमचन्द की प्रतिक्रिया क्या है? वह प्रतिक्रिया शिवरानी ने बताई है। प्रेमचन्द अपने आप बोल रहे थे—"तुम सुनते नहीं हो भगवान? अगर हो तो तुम्हें सुनना चाहिए। मैं और कुछ नहीं चाहता। इस बार अच्छा होना चाहता हूँ। जो यह निष्कपट मेरी सेवा कर रही है। महज इस के लिए मुझे तू एक बार जिन्दा कर।....अगर भगवान्, तू मेरी इस प्रार्थना पर कान नहीं देता तो अगले जन्म में फिर इन्हें तू मुझ से मिला दे। अगर नहीं मिलाया तो मैं यही समझूँगा कि मेरा जन्म व्यर्थ ही गया।"[29] बताइए, अगले जन्म में शिवरानी के साथ की इसलिए कामना कर रहे हैं कि ये अगले जन्म में भी पराई औरतों से उन के अवैध सम्बन्धों का जिक्र नहीं करेंगी! मैं तो यह भी कह रहा हूँ कि प्रेमचन्द कैसे विद्वान और कैसे महान लेखक थे जो पुनर्जन्म के अन्धविश्वास को मानते थे!

जब प्रेमचन्द हिन्दुओं के पुनर्जन्म के सिद्धान्त में विश्वास रखते हैं तो वे दलितों के बारे में लिखने का अपना अधिकार खो बैठते हैं। पुनर्जन्म में विश्वास और दलित समस्या का समाधान—दोनों एक साथ नहीं चल सकते। वे लिख सकते हैं पर वह भरत मुनि के 'नाट्यशास्त्र' का नाटक होगा या फिर उस में दलितों का वैसा ही चित्रण होगा जैसा उन्होंने अपनी इस 'कफन' कहानी में कर दिखाया है।

हम असली बात के अभी भी नजदीक नहीं आए हैं। मेरा असली सवाल यह है कि यदि इन दो ब्याहताओं के अलावा उस तीसरी औरत के पेट से प्रेमचन्द का बच्चा जन्मा हो तो वह औरत अपने ससुर और अपने पति के लिए घीसू और माधव की बुधिया बन कर रह जाती है।

प्रेमचन्द ने अपने निजी जीवन में एक बड़ा काम किया था कि बाल-विधवा शिवरानी से पुनर्विवाह किया था।[30] लेकिन यह क्रान्ति नहीं कही जा सकती क्योंकि उन से पहले ईश्वरचन्द्र विद्यासागर ने 'हिन्दू विधवा पुनर्विवाह अधिनियम' पारित करवा लिया था। फिर, इस पुनर्विवाह और पहले विवाह का भी कोई अर्थ नहीं है जब वे शिवरानी से आखरी समय में कहते हैं—"मैंने अपनी पहली स्त्री के जीवन-काल में ही एक और स्त्री रख छोड़ी थी। तुम्हारे आने पर भी उस से मेरा सम्बन्ध था।"[31] वास्तविकता यह है कि किसी भी हिन्दू पुरुष या हिन्दू स्त्री को विवाह या पुनर्विवाह के शब्दों का लेशमात्र भी ज्ञान नहीं है। इन्हें विवाह या पुनर्विवाह के कायदे-कानूनों का क्या पता जब उस दौरान इन के लिए जारकर्म कानूनी रूप में अनुमत रहता है? इस के लिए इन्हें डॉ. अम्बेडकर या विदेशी लोग ही समझा सकते हैं क्योंकि इन के शास्त्रों और कानूनों में ऐसा कोई पाठ उपलब्ध नहीं है कि व्यभिचार के आधार पर विवाह भंग हो सकता हो। इसलिए, हिन्दुओं के विवाह को विवाह न कह कर 'विवाह + जारकर्म' कहा जाए तो सच्चाई के ज्यादा नजदीक जाया जा सकता है।

V

साहित्य में प्रेमचन्द कौन हैं? इस समीक्षा-पुस्तक में वे 'कफन' नाम की कहानी लिखने वाले रचनाकार हैं। इस के बाद उन का निधन हो गया था। कहने का तात्पर्य यह है कि यह उन की परिपक्व मानसिक अवस्था में लिखी हुई कहानी है। तब तक वे 'गोदान' लिख कर उपन्यास-सम्राट हो गए थे। तब वे बुधिया को ले कर घीसू-माधव और जमीदार के व्यवहारों की तुलना कर रहे हैं। घीसू-माधव के बारे में प्रेमचन्द लिखते हैं—"झोंपड़े के द्वार पर बाप और बेटा दोनों एक बुझे हुए अलाव के सामने चुपचाप बैठे हुए हैं और अन्दर बेटे की बीवी बुधिया प्रसव-वेदना से पछाड़ खा रही थी।"[32] प्रेमचन्द जमीदार के बारे में क्या लिखते हैं—"जमींदार साहब दयालु थे।"[33] बताइए, जमीदार के बारे में ये शब्द उस लेखक की कलम से निकले हैं जिसे हिन्दी में महानतम और प्रगतिशील माना गया है। उसे वर्ग-संघर्ष का साहित्य लिखने वाला आदिपुरुष और पुरोधा बताया जाता है।

स्वयं प्रेमचन्द ने माना है कि अपनी पत्नी से छुपा कर रखैल रखना एक चोरी है। कोई भी चोरी बुरी होती है। जब सर्दामर्दी की पत्नी मिली हुई है तो फिर यह चोरी क्यों? बताइए, हिन्दी के इस महान कहे जाने वाले लेखक ने ताउम्र चोरी की! सेक्स का चोर साहित्य लिख रहा है—तब वह क्या लिख रहा है? क्या सेक्स उस के साहित्य का विषय नहीं बनेगा? वह उस में क्या मर्यादाएँ जोड़ेगा? चोरी को उस समय खोल रहे हैं जब मृत्युशय्या पर पड़े हैं—अर्थात करना तो बहुत दूर, पत्नी कुछ कह भी नहीं सकती। ऐसे समय उस से क्या अपेक्षा की जा सकती है?

ऐसे समय मेरा कला से विश्वास उठ जाता है। गह क्या लेखन-कला है? इस का जीवन से कोई सम्बन्ध है कि नहीं? क्या प्रेमचन्द ऐसा साहित्य लिख सकेंगे जिस में जारकर्मी व्यक्ति को पाँच साल की जेल की सजा काटने का विधान है? डा. अम्बेडकर की कसौटी में प्रेमचन्द बुरी तरह फेल हो जाते हैं क्योंकि डा. अम्बेडकर ने लिखा है—"समाज को 'श्रेष्ठतम' आदमी चाहिये, 'योग्यतम' नहीं।"[34] कला की वैसी योग्यता किस काम की जो समाज को बिगाड़ती है?

यदि वह तीसरी औरत उन की रखैल थी तो उस का भरण-पोषण भी किया होगा। तब हो गया ना डबल खर्चा। फिर हो गए न जमीदार सिद्ध। फिर किसी लेखक की

गरीबी के रोने कैसे? फ्रेडरिक एंगेल्स ने अपनी पुस्तक 'परिवार, निजी सम्पत्ति और राज्य की उत्पत्ति' में सही लिखा है–"सामाजिक संस्थाएँ जो भी रही हों, पुरुषों और स्त्रियों की संख्या अभी तक, मोटे तौर पर, सदा बराबर रही है....।"[35] तब इस में पुरुषों की रखैलबाजी क्या है? एंगेल्स बहुपत्नी प्रथा पर लिख रहे हैं–"सभी लोगों के पितृसत्तात्मक परिवार में, केवल कुलपति या अधिक से अधिक उस के दो-एक पुत्रों के पास, एक से अधिक पत्नियाँ होती थीं; परिवार के अन्य सदस्यों को एक-एक पत्नी से ही सन्तोष करना पड़ता था। समूचे पूरब में आज भी यही हालत है। बहु-पत्नी विवाह केवल धनिकों तथा अभिजात लोगों का विशेषाधिकार है, और ये पत्नियाँ मुख्यतः दासियों के रूप में खरीदी जाती हैं। आम लोगों के पास एक-एक पत्नी होती है।"[36]

लगता है, राजेन्द्र यादव की इस मामले में सब से स्पष्ट अभिव्यक्ति है। कारण जाने क्या रहा हो, लेकिन वे अपनी आत्मकथा 'मुड़-मुड़ के देखता हूँ' में लिखते हैं जिसे मैनेजर पाण्डेय ने अपने लेख 'सार्वजनिक चौराहों पर व्यक्तिगत चेहरे' में उद्धृत किया है–"स्वतन्त्रता की छूट का मेरा ऑब्सैशन सच ही कहीं 'लंपटता की छूट' का ही तो दूसरा नाम नहीं है? मुझे घर भी चाहिए और निर्बन्ध उत्तरदायित्व हीनता भी।"[37] वे आगे पूछना जारी रखते हैं–"यह मेरी निजी कुंठा है या प्राक्ऐतिहासिक आदिम पुरुष-वृत्ति, जहां वह अपने कक्षों में शत्रुओं और शिकारों के सिर सजा कर विजय के गर्व को बार-बार जीवित रखता है?"[38] लेकिन अपने आप से इस पूछने को जारी रखते हुए अन्त में सही शब्द उन की लेखनी के सामने आ ही जाते हैं जब वे पूछते हैं–"या वह सामन्त जिसे हरम में अनगिनत भोग-सामग्री चाहिए?"[39] सौहबत का असर पड़ता ही है। सौहबत अच्छी हो या बुरी,–उस के प्रभाव से लोग बच नहीं पाते। शायद, राजेन्द्र यादव के साथ यही हुआ है। लगता है, उन की संगत बुरी रही है। वे जीवन भर द्विज मंडलियों के बीच अपनी उठ-बैठ बनाए रहे,–और फिर, पूछते हैं–"क्या यह सारी जिन्दगी यों ही व्यर्थ गई?"[40] व्यर्थ गई हो या न गई हो, लेकिन उन की यह सोच एकदम निराधार है कि 'यह अपनी रचनात्मक ऊर्जा और वैचारिक स्वाधीनता के लिए बार-बार किया जाने वाला नवीनीकरण है या अधूरे होने की हीनताग्रन्थि से उत्पन्न दमित-सेक्स की विकृत अभिव्यक्ति जो बार-बार दूसरे से अपनी पूर्णता का आश्वासन चाहती है?'[41] लेकिन रचनात्मक ऊर्जा का रखैल से कोई सम्बन्ध नहीं है। जमीदार और सामन्त लोग साहित्यकार और कलाकार नहीं होते। वे ऐसे साहित्यकारों से ज्यादा रखैलें रखते हैं। इसलिए, किसी भी प्रकार के ऐब को साहित्य से जोड़ना सही नहीं है। फिर, जब सामाजिक मर्यादा के हिसाब से पत्नी मिल गई तो उस में सेक्स की कौन-सी सन्तुष्टि नहीं है? पत्नी से फालतू सब सेक्स अपराध की श्रेणी में आता है। लेकिन प्रेमचन्द के साथ क्या रहा था? उन का हिन्दू कानून ही उन की सौहबत था। चूँकि, उन का हिन्दू कानून एक बुरा कानून था, इसीलिए प्रेमचन्द रखैल रखने की जुर्रत कर सके। उन के हिन्दू कानून में हर पति जमीदार और सामन्त होता है। कहा जाता है कि एक मछली

तालाब को गन्दा कर देती है लेकिन जब कानून का पूरा तालाब ही गन्दा हो, तब मछली की बुरी सौहबत को क्या दोष दिया जाए? इस जगह पर फ्रेडरिक एंगेल्स की सोच भी एक सीमित दायरे की सोच बन कर रह जाती है।

खैर, हिन्दू कानून के अनुसार प्रेमचन्द के दो की संख्या में विवाहित पत्नियाँ पहले से ही थीं। डा. पी. वी. काणे ने हिन्दू शास्त्रों की व्याख्या करते हुए लिखा है–"हमने देख लिया है कि पुरुष एक पत्नी के रहते दूसरा या कई विवाह कर सकता है और कुछ स्थितियों में अपनी स्त्री को छोड़ सकता है। किन्तु यह विवाह-विच्छेद या तलाक नहीं है, यहाँ अब भी विवाह का बन्धन अपने स्थान पर दृढ़ ही है।"[42] यहाँ जाना जाए कि प्रेमचन्द ने भी क्या किया था। वे अपनी पहली पत्नी के बारे में शिवरानी को बताते हैं–"मैंने उन को उन के घर पहुँचा दिया और खुद अपने यहाँ रह गया।"[43] प्रेमचन्द के समय में हिन्दुओं में तलाक की व्यवस्था भी नहीं थी लेकिन आज के हिन्दू कानून में भी तलाक के बाद भी जब तक पत्नी पुनर्विवाह नहीं कर लेती तब तक वह तलाक लेने वाले पति की पत्नी ही बाजेगी। तो, यह हुआ प्रेमचन्द के पारिवारिक जीवन का हिसाब-किताब –दो पत्नियाँ और एक रखैल और बाकी....? यह शरण कुमार लिम्बाले जैसे दलित लेखकों की जन्म कुण्डली है। वे ऐसे ही पैदा होते हैं।

एक अन्य संभावना बनती है कि तीसरी औरत प्रेमचन्द की रखैल थी पर किसी की पत्नी भी थी। तब यह ज्यादा संगीन मामला हो जाता है। उस के घर के सारे सुख-चैन लुट गए होंगे। तब बच्चों का पिता कौन होगा?–चमार घीसू का बेटा माधव चमार? पर इसे ही घीसू और माधव मानने को तैयार नहीं हैं–चाहे बुधिया मरे और चाहे बुधिया के पेट का बच्चा मरे। बुधिया की और बुधिया के बच्चे की फिक्र प्रेमचन्द को होनी चाहिए। 'कफन' कहानी लिख कर उन्होंने यह फिक्र की भी है कि घीसू और माधव को साहित्य के संसार में बदनाम कर के रख दिया है। उधर, माधव भी प्रसव-शैया–अर्थात मृत्यु-शैया पर पड़ी हुई बुधिया के बारे में अपने बाप से चिढ़ कर बोलता है–"मरना ही है तो जल्दी मर क्यों नहीं जाती? देख कर क्या करूँ?"[44]

क्या बेहतर है–बुधिया और बुधिया के बच्चे को मरने देना–या दूसरों की औलाद को अपनी कह कर पालना? गांधी समेत हर हिन्दू का जवाब दूसरा है। कैसी सफाई से सन्त बन जाते हैं कि मरने देने की सलाह हम नहीं दे सकते। पर इतिहास में जो तलवारें बर्गी हैं और खून-खच्चर हुए हैं वे अपनी औलाद के लिए हुए हैं–या उस जार-व्यवस्था के लिए जिस में प्रेमचन्द दिलो-दिमाग से रचे-पगे हैं?

जाहिर है, मैं एक प्रेमचन्द को कुछ नहीं कह रहा हूँ। लेखक वैसे ही बनते हैं जैसा उन का समाज होता है। हिन्दू के बच्चे हिन्दू ही रहेंगे चाहे उन में से कोई प्रेमचन्द जैसा उपन्यास-सम्राट ही पैदा क्यों न हो जाए। कला तो बन्दरों में भी होती है। साँपों का नाच किसने नहीं देखा? पर सवाल बना ही रहता है कि वह तीसरी थी कौन? वेश्या वह इसलिए नहीं होगी क्योंकि समाज में गिजबिज रख छोड़ने की तुलना में कोठे तक जाने

की तोहमत कौन ले? वह ब्राह्मणी से ले कर चमारी तक में से कोई भी हो सकती है,—क्या वह चमारी थी?

प्रेमचन्द के व्यक्तित्व और कृतित्व पर भारत के विभिन्न विश्वविद्यालयों में पी-एच.डी. की उपाधि के लिए सैंकड़ों शोध कार्य हो चुके हैं,—क्या उन में से किसी ने इस बाबत खोज की है? शोध कार्यों की काबलियत और कसौटी क्या है? प्रेमचन्द के साहित्य के विशेषज्ञों, मर्मज्ञों और पक्षधरों ने कोई खोज की हो तो बताया जाए। खैर, यहाँ मेरा कहना केवल इतना है कि जब पहली पत्नी के जीवन-काल में ही उसे खोज लिया था तो पहली को छोड़ने पर उसी से विवाह कर लेते, शिवरानी से क्यों किया? पर तब प्रेमचन्द हिन्दू नहीं रह जाते। हिन्दू कानून अन्डे सेने और चूजे निकालने का ऐसा कारखाना है कि इस में से जो भी निकलता है, मौरलिटी को ले कर कलसीरा ही निकलता है।

तब ऐसे साहित्यिक मूल्यांकन में क्या कहा जाए? यही कहा जाए कि प्रेमचन्द ने विपुल साहित्य की रचना की थी। अपने साहित्य में उन्होंने राष्ट्रीय स्वतन्त्रता, हिन्दू-मुस्लिम एकता तथा अछूत समस्या पर सद्भावना की दृष्टि के कई उपन्यास और अनेक कहानियाँ लिखीं। विचार के विकास के लिए 'हंस' जैसी पत्रिका चलाई तथा अनेक लेख प्रस्तुत किए। यह सारा साहित्य उन्होंने भारतीय जनता के लिए लिखा। सराहने की चीज है तो सराही ही जाएगी—अर्थात यह उन्होंने बहुत अच्छा काम किया। लेकिन एक और साहित्य खुद प्रेमचन्द के लिए लिखे जाने की जरूरत थी जिस में रखैल रखने और जारकर्म करने पर रोक लगती। तब कुछ प्रेमचन्द का भी फायदा होता। लेकिन तब की बात तो क्या, ऐसा उपन्यास आज तक भी कोई हिन्दू लेखक नहीं लिख सकेगा जिस से जारकर्म से छूटा जा सके। एक कल की और आज की बात क्या—कभी भविष्य में भी ऐसा नहीं हो सकेगा। इसी बिना चरित्र के कारण विश्व के पैमाने पर हिन्दुओं का लिखा हुआ साहित्य हमेशा दोयम दर्जे का रह जाता है। जीवन में मोरल का नाम नहीं तो साहित्य में अव्वल दर्जा कैसे मिल जाएगा? साहित्य में सब कुछ नाटक और ड्रामेबाजी नहीं चल सकती। इस का जीवन से सम्बन्ध जुड़ता है और जीवन का सम्बन्ध जुड़ता है मोरल से। तभी पूछा जा रहा है कि कोई गैर-दलित लेखक दलित साहित्य कैसे लिख सकता है। कागजों पर हरफों की निकाली गई हर पच्चीकारी साहित्य की परिभाषा में सम्मिलित नहीं हो सकती। तभी कहा जा रहा है कि मोरल पर आधारित विश्व स्तर का साहित्य दलित साहित्यकार ही दे सकता है, कोई कायस्थ या द्विज नहीं। द्विज के सामने मोरल की बात कही जाएगी तो वह घर छोड़ कर संन्यासी तो बन सकता है लेकिन पारिवारिक और वैवाहिक जीवन में सदाचारी नहीं बनेगा। उस के संस्कार की कुछ बुनावट ही ऐसी है कि वह गृहस्थ जीवन में रखैल, वेश्या और परस्त्री के साथ के जारकर्म से रुक नहीं रहा है। इसे कौन समझाए,—नहीं, इस के प्रेमचन्द जैसे साहित्यकारों को कौन समझाए?

VI

इस ख्याति की जानकारी दूर-दूर तक फैली हुई है कि प्रेमचन्द भारत में प्रगतिशील साहित्य के पुरोधा थे। केरल के ई. एम. एस. नम्बूदरीपाद ने मलयालम भाषा की अपनी पुस्तक 'मलयालम साहित्यत्तिल मार्क्सिसवुम ऐतिरालिकलुम' में अखिल भारतीय प्रगतिशील साहित्य सम्मेलन में प्रेमचन्द के दिए गए अध्यक्षीय भाषण की याद करते हुए उन की भूरी-भूरी प्रशंसा की है।[45] इस में नम्बूदरीपाद ने प्रेमचन्द की तीन घोषणाओं का जिक्र करते हुए लिखा है कि वे न केवल घोषणाएँ थीं बल्कि प्रेमचन्द ने उन्हें अपने उपन्यासों, कहानियों तथा अपनी मासिक साहित्यिक पत्रिका के द्वारा व्यावहारिक जीवन में चरितार्थ भी किया। नम्बूदरी लिखते हैं कि तीसरी घोषणा में प्रेमचन्द ने ब्रिटिश साम्राज्य के विरोध के साथ-साथ अन्धविश्वासों, अनाचारों और जातिगत असमता के खिलाफ तथा स्त्री-स्वातन्त्रय के पक्ष में बिगुल बजाया था।[46] प्रेमचन्द के जिस भाषण का जिक्र यहाँ नम्बूदरीपाद कर रहे हैं वह उन्होंने सन् 1936 में लखनऊ में अखिल भारतीय प्रगतिशील लेखक संघ के प्रथम अधिवेशन में सभापति के पद से दिया था।[47]

सुना यह जाए कि स्त्री के प्रश्न को ले कर डा. जनेश्वर वर्मा ने अपनी पुस्तक 'प्रेमचन्द : एक मार्क्सवादी मूल्यांकन' में प्रेमचन्द के बारे में क्या लिखा है। उन्होंने लिखा है—''प्रेमचन्द ने 'कर्मभूमि' में तद्‌युगीन नारी जागरण और उस से सम्बन्ध रखने वाले (वाली) अनेक सामाजिक समस्याओं पर भी विचार किया है। इस दृष्टि से सर्वाधिक महत्वपूर्ण बात यह है कि उन्होंने दाम्पत्य जीवन के सामंतयुगीन प्राचीन मूल्यों का खण्डन करके, परिवार से ले कर समाज तक के प्रत्येक क्षेत्र में स्त्री और पुरुष के रामानाधिकार का समर्थन किया है जो उन के प्रगतिशील दृष्टिकोण का परिचायक है।''[48] तो, यह हिन्दी में कलाकारवादिता चल रही है। जिन्दगी से कोई लेन-देन नहीं, सच्चाई से कोई मिलान नहीं। जो व्यक्ति अपने जीवन में रखैल रख कर सामन्त का जीवन जी रहा है, उस के साहित्य को पढ़ कर लिखा जा रहा है कि वह सामन्त युग के मूल्यों का खण्डन कर रहा है। दो-दो विवाह रचाने वाले व्यक्ति को स्त्री और पुरुष के समानाधिकारों का मसीहा बताया जा रहा है।

'कर्मभूमि' का अमरकान्त जब सुखदा से असन्तुष्ट हो कर सकीना की ओर

आकृष्ट होता है और वैवाहिक मर्यादा को तिलांजलि दे कर उस के प्रति प्रेम प्रदर्शित करता है, तो डा. जनेश्वर वर्मा के शब्दों में सुखदा की विद्रोह भावना मुखर हो उठती है। 'कर्मभूमि' से ही जाना जाए कि वे शब्द क्या हैं। वे इस प्रकार हैं—"उस का विद्रोही मन सारे संसार से प्रतिकार करने के लिए जैसे नंगी तलवार लिये खड़ा रहता है। कभी-कभी उस का मन इतना उद्विग्न हो जाता है कि समाज और धर्म के सारे बन्धनों को तोड़ कर फेंक दे। ऐसे आदमियों की सजा यही है कि उन की स्त्रियाँ भी उन्हीं के मार्ग पर चलें। तब उन की आँखें खुलेंगी और उन्हें ज्ञात होगा कि जलना किसे कहते हैं। एक मैं कुल-मर्यादा के नाम को रोया करूँ; लेकिन यह अत्याचार बहुत दिनों न चलेगा। अब कोई इस भ्रम में न रहे कि पति चाहे जो करे, उस की स्त्री उस के पाँव धो-धो कर पियेगी, उसे अपना देवता समझेगी, उस के पाँव दबायेगी और वह उस से हँस कर बोलेगा, तो अपने भाग्य को धन्य मानेगी। वह दिन लद गये। इस विषय पर उस ने पत्रों में कई लेख भी लिखे हैं।"[49] अमरकान्त को पारस्परिक समानता के इस आदर्श की अवहेलना करते हुए देख कर सुखदा डा. शान्तिकुमार से पूछती है—"ऐसे पुरुष को जो स्त्री के प्रति अपना धर्म न समझे, क्या अधिकार है कि वह स्त्री से व्रत-धारिणी रहने की आशा रखे? आप सत्यवादी हैं। मैं आपसे पूछती हूँ, यदि मैं उस व्यवहार का बदला उसी व्यवहार से दूँ, तो आप मुझे क्षम्य समझेंगे?"[50] सुखदा का खुद सकीना से भी वार्तालाप होता है। वह सकीना से कहती है—"अगर उन्हें प्रेम की भूख थी, तो मुझे प्रेम की भूख कुछ कम न थी। मुझ से वह जो चाहते थे, वही मैं उन से चाहती थी। जो चीज वह मुझे न दे सके, वह मुझ से न पा कर वह क्यों उद्दण्ड हो गये? क्या इसीलिए कि वह पुरुष हैं, और पुरुष जो चाहे स्त्री को पाँव की जूती समझे पर स्त्री का धर्म है कि वह उन के पाँव से लिपटी रहे।"[51] डा. जनेश्वर वर्मा ने लिखा है कि 'दाम्पत्य जीवन की मर्यादा के सम्बन्ध में सुखदा ने एक और महत्वपूर्ण प्रश्न यह उठाया है कि यदि उस के पति अमरकान्त सकीना की ओर इसलिए आकर्षित हुए हैं कि उस में अपेक्षाकृत अधिक गुण हैं तो यह भी दाम्पत्य जीवन की मर्यादा के अनुकूल नहीं है।'[52] उद्धरण इस प्रकार है—"यदि इसी तरह सभी पुरुष और स्त्रियाँ तुलना करके बैठ जायँ, तो संसार की क्या गति होगी? फिर तो यहाँ रक्त और आँसुओं की नदियों के सिवा और कुछ न दिखायी देगा।"[53]

लगता है, अपनी इस खूबी के बल पर द्विज लेखक यह दावा करते हैं कि वे भी दलित साहित्य लिख सकते हैं—अर्थात स्वयं स्त्री को ले कर सामन्ती और असमानता का जीवन जीते हुए वे नारी की प्रगतिशीलता और समानता का साहित्य सृजित कर सकते हैं! लेकिन यह भाषण-बाजी और रटन्त विद्या कितनी देर काम आ सकती है? जब जीवन के हिन्दू सरोकार सामने आते हैं तो सब बात सामन्ती मूल्यों पर टिक कर रह जाती है। नारी को वे रास्ते ही नहीं दिए जा रहे हैं जिन पर चल कर वह स्वतन्त्रता और समानता हासिल कर सकती है। 'गोदान' में प्रेमचन्द मेहता के भाषण के द्वारा कहते हैं—"आप का अधिकार

हिंसा और विध्वंस में नहीं, सृष्टि और पालन में है। क्या आप समझती हैं, वोटों से मानव-जाति का उद्धार होगा, या दफ्तरों में और अदालतों में जबान और कलम चलाने से? इन नकली, अप्राकृतिक-विनाशकारी अधिकारों के लिये आप वह अधिकार छोड़ देना चाहती हैं, जो आप को प्रकृति ने दिये हैं?...हमारा जीवन हमारा घर है। वहीं हमारी सृष्टि होती है, वहीं हमारा पालन होता है, वहीं जीवन के सारे व्यापार होते हैं। अगर वह क्षेत्र परिमित है तो अपरिमित कौन-सा क्षेत्र है?....उसे छोड़ कर आप उन कारखानों में जाना चाहती हैं जहाँ मनुष्य पीसा जाता है, जहाँ उस का रक्त निकाला जाता है।''[54]

यहाँ सारी प्रगतिशीलता को एक किनारे रख कर प्रेमचन्द अपने पात्र में पूरे दकियानूसी व्यक्ति बन गए हैं। वे हर वह बात कह रहे हैं जो स्त्री की स्वतन्त्रता और समानता की ओर नहीं बल्कि उस की दासता और असमानता की ओर जाती है। मार्क्सवाद और प्रगतिशीलता के जनक फ्रेडरिक एंगेल्स ने स्त्री की स्वतन्त्रता और समानता के लिए बिलकुल दूसरी बात कही है। जाना जाए कि प्रेमचन्द के मेहता के कहे गए इन शब्दों से बिलकुल अलग एंगेल्स के वे शब्द क्या हैं। एंगेल्स ने इस विषय पर अपनी पुस्तक 'परिवार, निजी सम्पत्ति और राज्य की उत्पत्ति' में लिखा है—''यहाँ हम अभी से ही यह बात साफ-साफ देख सकते हैं कि जब तक स्त्रियों को सामाजिक उत्पादन के काम से अलग और केवल घर के निजी कामों तक ही सीमित रखा जायेगा, तब तक स्त्रियों का स्वतन्त्रता प्राप्त करना और पुरुषों के साथ बराबरी का हक पाना असम्भव है और असम्भव ही बना रहेगा। स्त्रियों की स्वतन्त्रता केवल उसी समय सम्भव होती है जब वे बड़े पैमाने पर, सामाजिक पैमाने पर, उत्पादन में भाग लेने में समर्थ हो पाती हैं, और जब घरेलू काम उन के न्यूनतम ध्यान का तकाजा करते हैं। और यह केवल बड़े पैमाने के आधुनिक उद्योग के परिणामस्वरूप ही सम्भव हुआ है, जो न केवल स्त्रियों के लिये यह मुमकिन बना देता है कि वे बड़ी संख्या में उत्पादन में भाग ले सकें, बल्कि जिस के लिए स्त्रियों को उत्पादन में खींचना भी जरूरी होता है, और इस के अलावा जिस में घर के निजी काम-काज को भी एक सार्वजनिक उद्योग बना देने की प्रवृत्ति होती है।''[55]

स्पष्ट तुलना की जा सकती है कि प्रेमचन्द के पात्र मेहता के विचार एकदम एंगेल्स के विचारों के छत्तीस में बैठते हैं। प्रेमचन्द के पात्र के विचार हिन्दू स्वामी विवेकानन्द के विचारों के समरूप हैं। विवेकानन्द के वे विचार जाने जा सकते हैं जो उन्होंने स्त्रियों के बारे में दिए हैं। वे इस प्रकार हैं—''पाश्चात्य देश की नारी में बहुधा नारीत्व का सर्वथा अभाव दिखा। वे पुरुषों से होड़ लेने में तल्लीन हैं। वे यान चलाती हैं, कार्यालयों में कलम घिसती हैं, उच्च शिक्षा प्राप्त करती हैं। केवल भारतीय स्त्री में ही नारी सुलभ लज्जा देख कर हृदय आनंदित होता है।''[56]

यदि कहीं प्रेमचन्द की विचारधारा के सामन्तवादी होने में कमी रह गई थी तो वह अगले शब्दों में पूरी हो जाती है। डा. जनेश्वर वर्मा ने लिखा है—''प्रेम और विवाह का

उल्लेख करते हुए उन्होंने समर्पण और सेवाभाव पर विशेष बल दिया है। उन का कहना है, ''सच्चा आनन्द, सच्ची शान्ति केवल सेवा-व्रत में है। वही अधिकार का स्रोत है, वही भक्ति का उद्गम है। सेवा ही वह सीमेन्ट है, जो दम्पति को जीवनपर्यंत स्नेह और साहचर्य में जोड़े रख सकता है, जिस पर बड़े-बड़े आघातों का कोई असर नहीं होता। जहाँ सेवा का अभाव है, वहीं विवाह-विच्छेद है, परित्याग है, अविश्वास है।''[57] यही फर्क की बात है कि पुरुष के लिए नैतिकता और सदाचार को विवाह का मूल न मान कर हिन्दू लोग स्त्री के लिए सेवा और समर्पण को विवाह का मूल मानते हैं। प्रेम की व्याख्या करते हुए उन्होंने मालती के मुख से कहलवाया ही है–''वह देह की वस्तु नहीं, आत्मा की वस्तु है।....वह सम्पूर्ण आत्म समर्पण है। उस के मन्दिर में तुम परीक्षक बन कर नहीं, उपासक बन कर ही वरदान पा सकते हो।''[58] यहाँ यही कहा जा सकता है कि यह सब अन्धेरगर्दी है। घरों में कोई हिसाब-किताब नहीं है। गार्गी के सारे सवालों पर लगातार रोक कायम है। खूबसूरत शब्दों के जाल रच कर पुरुष की तानाशाही चलाई जा रही है। यह आदिम गोत्र-व्यवस्था का यूथ-विवाह है जिस में एकनिष्ठ विवाह का कोई अर्थ नहीं रहता है। प्रेम, सेवा और समर्पण के नाम पर विवाह की अटूटता की धौंस दिखाई जा रही है। सभ्यता के युग में जंगलराज प्रतिष्ठित किया जा रहा है। प्रेम, सेवा और समर्पण में हर वह प्रश्न नदारद है जो सभ्यता को विकास की ओर ले जाता है।

यहाँ तलाक के बारे में प्रेमचन्द के पूरे विचार जाने जाएँ। डा. भरत सिंह ने अपनी पुस्तक 'प्रेमचन्द के नारी पात्र' में उन का अध्ययन किया है। वे लिखते हैं–''प्रेमचन्द ने अपने साहित्य में इस व्यवस्था का एक-आधा स्थान पर ही संकेत दिया है, किन्तु अपने समस्त साहित्य में उन्होंने एक भी तलाक-प्राप्त दम्पति का चित्रण नहीं किया।''[59] इस के बाद डा. भरत सिंह की टिप्पणी है–''सम्भवतः वे इस व्यवस्था को उचित नहीं समझते।''[60] 'गोदान' के पात्र मेहता से वार्तालाप में उन्हें मान्य है–''उसे (विवाह को) तोड़ने का अधिकार न पुरुष को है, न स्त्री को। समझौता करने के पहले आप स्वाधीन हैं, समझौता हो जाने के बाद आप के हाथ कट जाते हैं।''[61] डा. भरत सिंह के शब्दों में, 'इस तरह प्रेमचन्द मेहता के रूप में तलाक के पक्के विरोधी हैं।'[62] उन्होंने माना है कि कहानी 'सुहाग का शव' में पात्रा सुभद्रा के ये शब्द प्रेमचन्द के तलाक विषयक दृष्टिकोण को स्पष्ट करने के लिए पर्याप्त हैं–''आदर्श समझौता है वही जो जीवन पर्यन्त रहे। मैं भारत की नहीं कहती। वहां तो स्त्रियां पुरुष की लोंडी हैं, मैं इंग्लैण्ड की कहती हूँ। यहाँ भी कितनी ही औरतों से मेरी बातचीत हुई है। ये तलाकों की बढ़ती संख्या को देख कर खुश नहीं होती। विवाह का सबसे ऊँचा आदर्श उस की पवित्रता और स्थिरता है।''[63]

ऊपर यह पात्रों की बात रही जिन के माध्यम से प्रेमचन्द बोल रहे हैं। कोई कह सकता है कि अमुक पात्र के ये विचार प्रेमचन्द के अपने निजी विचार नहीं हैं। लेकिन इस शंका को प्रेमचन्द के द्वारा डा. मदान को लिखे पत्र में व्यक्त विचारों को यहाँ उद्धृत करने

से निर्मूल किया जा सकता है। प्रेमचन्द के वे शब्द इस प्रकार हैं—"सर्वहारा वर्ग में तलाक साधारण-सी बात है। केवल तथाकथित उच्च वर्ग में भी उस ने गम्भीर रूप धारण कर लिया है। अपने श्रेष्ठतम रूप में विवाह भी एक प्रकार का समझौता और समर्पण ही है। यदि कोई दम्पति सुखी होना चाहते हैं तो उन्हें एक-दूसरे के लिए गुंजाइश रखनी चाहिए।"[64] वे स्वीकार करते हैं—"चाहे स्त्री हो या पुरुष, उन में से एक को झुकने के लिए तैयार रहना चाहिए। मैं नहीं मानता कि दोषी केवल पुरुष ही है। बहुत से मामले ऐसे हैं, जहाँ स्त्रियाँ संकट पैदा करती हैं और काल्पनिक दुःखों की सृष्टि कर लेती हैं। जब इस बात का निश्चय ही नहीं है कि तलाक हमारी वैवाहिक बुराइयों को दूर करेगा, मैं उसे समाज पर लादना नहीं चाहता।"[65] यदि तलाक की जरूरत भी पड़े तो उन का तर्क भरण-पोषण पर आ कर ठहर जाता है। वे लिखते हैं—"गरीब स्त्री को बिना कुछ गुजारा दिये तलाक दे दिया जाय, यह मांग केवल कुत्सित व्यक्तिवाद के परिणामस्वरूप की जाती है। समानता के आधार पर निर्मित समाज में इस मांग का कोई स्थान नहीं।"[66]

तलाक पर प्रेमचन्द के विचारों के क्या निष्कर्ष निकलते हैं? वे इस प्रकार गिनाए जा सकते हैं :

1. तलाक जिस वजह से लिया जाता है उस समस्या को पूरी तरह से भुला कर प्रेमचन्द ने तलाक को ही गम्भीर समस्या मान लिया है।
2. विवाह के श्रेष्ठतम रूप को ब्राह्म-विवाह मान लिया गया है जो पवित्र और अटूट होता है।
3. तलाक को ले कर सर्वहारा वर्ग को अलग माना गया है—और सर्वहारा वर्ग से खुद को नहीं जोड़ा। सर्वहारा वर्ग की परम्परा के प्रति शाब्दिक प्रशंसा तक नहीं की गई।
4. तलाक का नाम लेते ही भरण-पोषण की जरूरत बताई गई है जो भरण-पोषण व्यभिचार और रखैलवाद की जड़ है।
5. तलाक को वैवाहिक बुराइयों का हल नहीं माना गया है और न ही कोई दूसरा हल बताया गया है। वैवाहिक बुराइयाँ ज्यों की त्यों राज करने के लिए छोड़ दी गई हैं। इस के लिए कोई नई संस्था नहीं सुझाई या खड़ी की गई।

स्त्री की स्वतन्त्रता, समानता, विवाह और तलाक की सारी स्थितियाँ उस की जीविका से निर्धारित होती हैं। यहाँ जाना जाए कि प्रेमचन्द स्त्री की जीविका के बारे में क्या विचार रखते हैं। डा. भरत सिंह ने अपनी पुस्तक 'प्रेमचन्द के नारी पात्र' में जो निचोड़ निकाला है, उसे उन्होंने अपने इन शब्दों में रखा है—"प्रेमचन्द नारी की शारीरिक रचना तथा अन्य अनेक गार्हस्थिक बन्धनों के कारण उस का कार्यक्षेत्र घर ही मानते हैं। यह पुरुष का कर्त्तव्य है कि वह उसे घर में ही पूर्णरूपेण स्वतन्त्र तथा आर्थिक दृष्टि से

सम्पन्न बनाये। स्त्री की स्वतन्त्रता और आर्थिक दृष्टि से पूर्ण आत्मनिर्भरता के लिए वे वैदिक नारी का अनुसरण करने का संकेत देते हैं, अतः उन्होंने व्यवसाय या किसी प्रकार की जीविका करने वाली स्त्रियों की दुर्दशा ही चित्रित की है।"[67] वे लिखते हैं—"यद्यपि स्त्री के लिए अध्यापन के अतिरिक्त कोई दूसरी आजीविका इतनी उपयोगी एवं निरापद नहीं, फिर भी प्रेमचन्द ने अपने लेखन में जिन अध्यापिकाओं को चित्रित किया है, उन की उन्होंने दुर्गति ही चित्रित की है।"[68] यूँ, डा. भरत सिंह के शब्दों में 'प्रेमचन्द स्त्री की स्वतन्त्रता एवं उन की विविध व्यवसांयों के प्रति बढ़ती हुई अभिरूचि के पक्ष में नहीं है।"[69] डा. भरत सिंह ने प्रेमचन्द के विचारों को इस तरह से समझा है—"प्रेमचन्द ने पढ़-लिख कर स्त्रियों का नौकरी करना इसीलिए उचित नहीं समझा कि इस प्रकार आर्थिक रूप से स्वतन्त्र हुई स्त्रियों....(का) सोचने-समझने का ढंग ही परिवर्तित हो जाता है और वे विवाह को पुरुष की दासता समझ कर स्वतन्त्र काम-भोग में फँस कर नैसर्गिक जीवन से पृथक् हो जाती हैं और इस तरह अन्त में उन्हें जो मिलता है, वह मिस मालती और मिस पद्मा के रुदन के अतिरिक्त और कुछ नहीं होता। अतः इस रुदन की अपेक्षा प्रेमचन्द ने यही उपयुक्त समझा कि स्त्री पढ़-लिख कर समझदारी के साथ अपने गृहस्थ जीवन में प्रवेश करे।"[70]

तो, प्रेमचन्द के नारी-सम्बन्धी इतने विपुल साहित्य का कुल सार यह है :

1. प्रेमचन्द स्त्री की वास्तविक आर्थिक स्वतन्त्रता की दिशा में रत्ती भर भी आगे नहीं बढ़े हैं।
2. स्त्री की पढ़ाई-लिखाई के द्वारा वे अपने पारम्परिक परिवारों में जरा-सा बदलाव भी सहन करने को तैयार नहीं हैं।
3. स्त्री को केवल घर से बांध और जकड़ कर प्रेमचन्द ने स्त्री की दासता और असमानता को पुख्ता किया है। घर में स्वतन्त्रता देने के नाम पर प्रेमचन्द के पास स्त्री-स्वातन्त्रय की हवा तक भी नहीं है।
4. जीविका की स्वतन्त्रता न दे कर स्त्री को गरीब रखा है और फिर उसे 'बेचारी' कह कर उस के लिए भरण-पोषण देने की दयालुता प्रदर्शित की है।

ऐसी स्थिति में, दूसरे लोग प्रेमचन्द की कोई भी तस्वीर पेश करें, मुझे वे तगड़ी पहने हुए हिन्दू दीखने लगते हैं।

VII

कहा जाता है कि प्रेमचन्द ने अपने उपन्यासों, कहानियों, लेखों और भाषणों के माध्यमों से समाज-सुधार के अनेक काम किए थे। उन्होंने कितने भी समाज-सुधार के विचार रखे हों लेकिन यह पुनः कहा जा रहा है कि असली और एक पक्के समाज-सुधार की खुद उन में जरूरत थी। डा. अम्बेडकर ने हिन्दू कोड बिल के पास न होने के मसले पर भारत सरकार के विधि-मन्त्री के पद से इस्तीफा देते समय अपने भाषण में कहा था—"हिन्दू कोड इस देश की विधायिका द्वारा उठाया गया अब तक के सबसे बड़े समाज सुधार का काम था। इस के महत्व की तुलना में भारत की विधायिका ने न तो कभी अतीत में कोई कानून पारित किया है और न भविष्य में ही पारित किए जाने की संभावना है।"[71]

अब जाना जाए कि डा. अम्बेडकर के इस हिन्दू कोड बिल के मसौदे में वह खास प्रावधान क्या था जो सीधे प्रेमचन्द पर लागू होता था। उसे सोहन लाल शास्त्री की पुस्तक 'हिन्दू कोड बिल और डॉ. अम्बेडकर' से उद्धृत किया जा सकता है जिसे उन्होंने धर्मदेव के 'वीर अर्जुन' में छपे लेख संख्या-3 से लिया है। वह इस प्रकार है :

> "धारा-30—कोई ऐसा विवाह, चाहे वह इस कोड के आरम्भ होने से पहले अथवा बाद में सम्पूर्ण हो चुका है, निम्नांकित आधारों में से किसी एक के कारण खत्म हो जाएगा। "
>
> (2) यदि पति किसी स्त्री को रखैल के रूप में रख रहा है...।"[72]

तो, इस सब से बड़े समाज सुधार में उन की पत्नी शिवरानी को अधिकार मिल रहा था कि वे रखैल रखने वाले अपने पति प्रेमचन्द से तलाक ले लें। लेकिन इसी के प्रेमचन्द विरोधी थे। वे सुधार-विरोधी खेमे में खड़े हो कर विवाह की अटूटता की जबर्दस्त वकालत करते हैं। वे पूरे प्रतिक्रियावादी और सनातनी हिन्दू बन कर स्त्री द्वारा अपनी आजीविका आप कमा कर आर्थिक रूप से आत्म-निर्भर होने के उस के रास्ते को रोके खड़े हैं। तब स्त्री को आर्थिक रूप से पति पर निर्भर रख कर प्रेमचन्द स्त्री की किस स्वतन्त्रता और कैसी समानता की बात कर रहे हैं? ऐसी स्त्री अपने जीवन में कोई निर्णय कैसे ले सकती है? यदि पुरुष उस के साथ क्रूरता बरतने लगे, जिस में सब से

बड़ी क्रूरता परस्त्रीगमन है, तो स्त्री के पास उसे सहते रहने के सिवा क्या चारा है? स्त्री को सूअरी हो कर थुलथुल रहने की नियति में क्यों डाल दिया गया है?

तलाक को ले कर प्रेमचन्द की कोई नई बात नहीं है। हर जार व्यक्ति तलाक को समस्या मानता है। समस्या ही नहीं वह इसे बुराई मानता है। ब्राह्मण ने अपने ब्राह्म-विवाह को इसीलिए पवित्र कह कर अटूट घोषित किया है। जार-दर्शन दूसरी कोई बात कह ही नहीं सकता। जब प्रेमचन्द खुद किसी की औरत को अपनी रखैल बना कर रख रहे हैं तो वे जारकर्म के आधार पर उस पत्नी के पति को तलाक का हक दिलवा कर अपने ऊपर आफत मोल क्यों लेंगे? फिर वह औरत रखैल नहीं रह जाएगी, उसे प्रेमचन्द की पत्नी बनना पड़ेगा। प्रेमचन्द पहले ही अपने घर में एक पत्नी को बर्बाद करके दूसरी बाल-बच्चों वाली पत्नी को रखे हुए हैं। फिर, एक-दो रखैलों की बात हो तो गिनी जाएँ और गनीमत, यहाँ जीवन भर अनेक औरतों से जारकर्म करना है और उन्हें गर्भिणी बनाना है।

तलाक से यह समाधान बनता है कि प्रेमचन्द को रखैल रखने से बाज आना पड़ेगा। जीवन और साहित्य की सारी दिशा मोड़नी पड़ेगी। सदाचार और ईमानदारी को स्थान देना पड़ेगा। लेकिन यह प्रेमचन्द क्या, किसी भी रखैल रखने वाले व्यक्ति के स्वभाव में और वश में नहीं है। तब ऐसे व्यक्ति को, यदि विवाह का कानून बनाना पड़ेगा तो वह कैसा कानून बनाएगा? वह यही कानून बनाएगा कि विवाह को भंग नहीं किया जा सकता। वह उसे पवित्र संस्कारों वाला और अटूट कहेगा। वह उसे अपने वेद की अपौरुषेयता से जोड़ देगा। पुनर्जन्म का सिद्धान्त पुछलके में मिला है तो इतना और कह देगा कि यह तो जन्मों-जन्मों का रिश्ता होता है। भगवान में विश्वास रखता है तो बड़ी जल्दी फायदा उठाएगा कि यह सम्बन्ध भगवान की तरफ से बीमाता द्वारा जूली बट कर तैयार किया जाता है। भगवान और पुनर्जन्म को ले कर प्रेमचन्द इसी दिशा में गए हैं। रखैल रखने वाला व्यक्ति इस के सिवा और कुछ कर ही नहीं सकता। घुमा-फिरा कर चातुरी से सौ बातें कहेगा पर एक बात यह नहीं मानेगा कि खुद को सुधरने दे—अर्थात तलाक के द्वारा खुद पर समाज का अंकुश लगने दे। ब्राह्म-विवाह की घोषणा करके द्विज समाज क्या कर रहा है?—पिछले तीन हजार वर्षों से इस के द्वारा वह अपने और पराए सद्गृहस्थों के साथ यही मगज मार रहा है।

पर उसे इस के नुकसान बहुत ढोने पड़ रहे हैं—वह कैसे? हिन्दू घरों में कोई व्यक्ति अपना निर्णय नहीं ले सकता। उस के ऊपर एक निर्णय पहले से थोपा गया रहता है कि उस का विवाह अटूट है। यह व्यक्ति के निर्णय की स्वतन्त्रता पर सब से बड़ा आघात है कि वह खुद को नियति से भी ज्यादा बड़े इस बन्धन में बंधा हुआ पाता है। व्यक्ति का जन्म एक नियति है लेकिन ब्राह्मणों ने व्यक्ति के विवाह को भी नियति की आग में झोंक दिया है। जो इन के व्यक्ति के खुद के हाथ में है उसे भी ये नियति बना रहे हैं। इन का मनुष्य और मानववाद मरा हुआ है।

इतिहास मनुष्य के निर्णय लेने की क्षमता से जाना जाता है और आगे बढ़ता है। लेकिन ब्राह्म-विवाह के पर्सनल कानून की वजह से हिन्दुओं की सारी सोच निर्णय न लेने की शैली में तब्दील हो गई है। परिणाम यह निकला है कि भारत का इतिहास उन के हाथों से हमेशा निकला रहा है। वे अपने ही देश में गुलाम कौम के लोग बन कर रह गए हैं। हर बार यहाँ के राजकाज चलाने की जिम्मेदारी बाहर के लोगों को लेनी पड़ती है। ये निर्णयहीन लोग हैं और इन्हें अपने घरों में उन्हें बर्दाश्त करना पड़ता है जिन के सम्पर्क और सम्बन्ध को स्वतन्त्र समाजों के दूसरे लोग एक झटके में तोड़ देते हैं। अटूट विवाह वाले घरों में कोई आन-मान वाली बात बची नहीं रहती। जीवन के संग्राम में इन का हर पात्र कमजोर है। वह व्यभिचार के खिलाफ लड़ने के बजाय सारी उम्र समझौतापरस्त हो कर अपना मुँह बन्द किए रहता है। यह इन के घरों की ट्रेनिंग है जिसे पा कर ये युद्ध में हारते हैं। इन्हें समझौता करना सिखाया जाता है—एक ऐसा समझौता जिस में शहादत की भावना का नामोनिशान नहीं है। सदाचार के लिए इन में लड़ने की भावना चुकी हुई है। व्यभिचार को ले कर ये सारे ऋषि-मुनि और महान मौनी बाबा बने बैठे हैं कि उस के खिलाफ एक शब्द नहीं बोलेंगे। एक कामसूत्र की किताब लिख कर सारे लोग उसमें मस्त हैं। भक्ति ने भी इन्हें कोई शक्ति नहीं दी बल्कि सगुण की रासलीला में डुबो कर राष्ट्रीय चेतना से बेखबर कर दिया है। तब प्रेमचन्द किस राष्ट्रीय स्वतन्त्रता के लिए आन्दोलन की बात कर रहे हैं? वह इन के घरों में और तदुपरान्त इनकी जीवन-शैली में जड़ से खत्म है। व्यभिचार मनुष्य के सम्मान को सिरे से गायब किए रहता है।

VIII

कान्ति मोहन ने अपनी पुस्तक 'प्रेमचन्द और अछूत समस्या' में 'कफन' के बारे में लिखा है—"1936 में प्रेमचन्द की अन्तिम, सब से अधिक प्रसिद्ध और विवादास्पद कहानी 'कफन' प्रकाशित हुई। यह 'मानसरोवर' के आठों भागों में संकलित होने से रह गई है।"[73] यहाँ तक ठीक, लेकिन आगे वे क्या कह गए हैं? उन्होंने लिखा है—"इस कहानी के नायक घीसू और माधव चमार हैं, लेकिन इस कहानी का अछूत समस्या से कोई सम्बन्ध नहीं। दोनों बाप-बेटे अपना पुश्तैनी धंधा नहीं करते, बल्कि खेत मजदूर हैं। दोनों में चमारों वाली कोई विशेषता नहीं।"[74] कोई तनिक भी सम्बन्ध न ढूंढ़ ले इसलिए हर सम्भावना को मिटाते हुए कान्ति मोहन लिखते हैं—"....इस कहानी का अछूत समस्या से दूर का भी सम्बन्ध नहीं है।"[75] यदि ऐसा है तो प्रेमचन्द ने अपनी इस कहानी में 'चमार' शब्द का प्रयोग क्यों किया? कहानी के पहले ही पृष्ठ पर प्रेमचन्द के शब्द इस प्रकार हैं—"चमारों का कुनबा था और सारे गाँव में बदनाम।"[76]

जाहिर है, कान्ति मोहन अछूत समस्या को बहुत सीमित और हलके दायरे में ले रहे हैं। 'अछूत' में से यदि 'अ' मिट जाए तो उन के लिए बाकी 'छूत' में कोई समस्या नहीं है जबकि सन् 1936 में प्रेमचन्द के समय यह 'अ' मिटा भी नहीं था। इस 'अ' को सन् 1950 में संविधान के अनुच्छेद-17 ने मिटाया है, वह भी केवल संविधान और कानून के स्तर पर ही। इसलिए यह कह कर कि 'इस कहानी का अछूत समस्या से दूर का भी सम्बन्ध नहीं' है, समस्या की आग से जले बिना बचा नहीं जा सकता।

'अछूत' में क्या-क्या आता है? अछूत पुरुष या अछूत स्त्री भी? संविधान के अनुच्छेद-17 का पहला वाक्य इस प्रकार है—" 'अस्पृश्यता' का अन्त किया जाता है और उस का किसी भी रूप में आचरण निषिद्ध किया जाता है।"[77] यदि केवल 'अस्पृश्यता' के शाब्दिक अर्थ की बात होती तो यह पुरुष तक सीमित है। सेक्स में अछूत पुरुष की स्त्री के साथ कोई गैर-अछूत पुरुष शाब्दिक अस्पृश्यता नहीं बरतता। अछूत की स्त्री सब के लिए सछूता है। तब अछूत की स्त्री के लिए अछूतपन का क्या मतलब है? संविधान ने सही शब्दों का प्रयोग किया है जब लिखा है कि अस्पृश्यता का 'किसी भी रूप में आचरण निषिद्ध किया जाता है।'[78]

अछूत की स्त्री के साथ यह अस्पृश्यता का आचरण क्या है? इस का उत्तर 'अनुसूचित जाति और अनुसूचित जनजाति (अत्याचार प्रतिषेध) अधिनियम, 1989' में मिलता है। इस की धारा 3(1) (xi) में लिखा गया है–"जो कोई, अनुसूचित जाति या अनुसूचित जन जाति का सदस्य नहीं है–....अनुसूचित जाति या अनुसूचित जनजाति से सम्बन्धित महिलाओं को अपमानित करने या लज्जा भंग करने के आशय से बल प्रयोग करता है या हमला करता है,....ऐसी अवधि के लिए दण्डनीय होगा जो छह माह से कम नहीं होगा किन्तु पाँच वर्ष तक आर्थिक दण्ड के साथ बढ़ाया जा सकेगा।"[79] इस अधिनियम की धारा 3(1) (xii) में यह भी लिखा गया है कि यह दण्ड उसे भी मिलेगा जो 'अनुसूचित जाति या अनुसूचित जनजाति से सम्बन्धित महिलाओं की इच्छा अधिशासित करने की स्थिति में होने के कारण और उस स्थिति को मैथुन द्वारा शोषण करने में प्रयोग करता है जिस के लिए वह अन्यथा सहमत न होती।'[80]

कहा जाए कि संसार में कौमें कई-कई तरह से गुलाम बनाई जाती हैं। भारत के दलितों के हिसाब से तीन प्रकार की गुलामियों का जिक्र मिलता है :

1. उन का ईश्वर, धर्म और मन्दिर का अधिकार छीना गया।
2. उन का राज्य, युद्ध और शस्त्र का अधिकार छीना गया।
3. उन का धन, कृषि और सम्पत्ति का निजी अधिकार छीना गया।

यदि बात इन तीन पक्षों तक सीमित रहती तो यह दलितों की पूरी गुलामी नहीं थी। दलितों को एक चौथे प्रकार की गुलामी अतिरिक्त दी गई है जो इस प्रकार है :

4. बलात्कार और जारकर्म के द्वारा उन की स्त्रियाँ उन से छीनी गईं।

यह सब से बड़ी गुलामी है कि उन की स्त्रियाँ उन से छीन ली गईं और छीनी गईं उन स्त्रियों के माध्यम से अपनी सन्तान उन पर थोप दी गईं। यह मार्क्सवाद से आगे की बात है जिस की वर्ण-व्यवस्था के सामाजिक कानून में भी अलग से व्याख्या की जरूरत है। वर्ण-व्यवस्था के आधुनिक विश्लेषणों में पहली तीन बुराइयों का जिक्र खूब होता है लेकिन इसकी असली और चौथी बुराई के नाम पर विद्वान लोग मुँह ढक कर सो जाते हैं।

अब प्रश्न यह पैदा होता है कि क्या प्रेमचन्द को अछूत स्त्रियों के साथ होने वाले इन बलात्कारों का ज्ञान नहीं था। मेरा उत्तर यह है कि उन्हें इन का पता था, खूब पता था, और शायद अन्य हिन्दू लेखकों की तुलना में सबसे ज्यादा पता था। प्रमाण खुद उन का साहित्य है।

प्रेमचन्द की एक कहानी 'बौड़म' है जो अप्रैल 1923 में प्रकाशित हुई थी। यह बौड़म व्यक्ति मुसलमान है। कहानी में उस का कथन है–"मेरे चाचा साहब को जवानी में एक चमारिन से ताल्लुक हो गया था। उस से दो बच्चे और एक लड़की पैदा हुए। चमारिन लड़की को गोद में छोड़ कर मर गई। तब से इन दोनों बच्चों की मेरे यहाँ वही हालत थी जो यतीमों की होती है। कोई बात न पूछता था। उन को खाने-पहनने को न

मिलता। बेचारे नौकरों के साथ खाते और झोंपड़े में रहते थे। जनाब, मुझसे यह न देखा गया। मैंने उन्हें अपने दस्तरखान पर खिलाया और अब भी खिलाता हूँ। घर में कुहराम मच गया। जिसे देखिए मुझ पर त्यौरियाँ बदल रहा है, मगर मैंने परवाह न की। आखिर वह भी तो हमारा ही खून है। इसलिए मैं बौड़म हूँ।''[81]

प्रेमचन्द की कहानी 'घासवाली' दिसम्बर 1929 में छपी थी। मुलिया महावीर चमार की घरवाली थी। वह चमारों के इस 'ऊसर में गुलाब की फूल थी।'

एक दिन वह घास काटने गई थी कि युवा ठाकुर 'चैन सिंह ने उस का हाथ पकड़ लिया.....।'[82] इसी कहानी में एक वाक्य इस प्रकार है–''नीची जातों में रूप-माधुर्य का इस के सिवा और काम ही क्या है कि वह ऊँची जाति वालों का खिलौना बने।''[83]

और किस की कहें, यह प्रेमचन्द की बहुत निजी जानकारी का भी मामला है। प्रेमचन्द की एक रचना का शीर्षक 'मेरी पहली रचना' है। कान्ति मोहन ने लिखा है कि 'इस रचना की शैली भी कहानी के मुकाबले संस्मरण या रेखाचित्र के ज्यादा नजदीक है।'[84] उन्होंने इस के बारे में इस प्रकार जानकारी दी है–''यह कहानी एक वास्तविक घटना पर आधारित है। घटना 1893 के आसपास घटी होगी। यह उस जमाने की बात है जबकि 'उच्च' जातियों के लोग निम्न जातियों के लोगों, खास तौर पर महिलाओं, को अपनी सम्पत्ति समझते थे। निम्न जातियों की अनेक महिलाएं भी इसी तरह की मिथ्या चेतना की शिकार थीं। लेखक के रिश्ते के एक मामू एक चमारिन को पटा लेते हैं। चमारों को इस बात का पता लग जाता है और वे पंचायत कर के मामू साहब को सबक सिखाने का फैसला करते हैं। एक दिन वे दोनों को रंगे हाथों पकड़ लेते हैं और मामू साहब की इतनी मरम्मत करते हैं कि वह एक महीने तक हल्दी और गुड़ पीते रहे। प्रेमचन्द की उम्र उस वक्त 13 साल की थी।''[85]

कान्ति मोहन ने प्रेमचन्द के उपन्यासों का मूल्यांकन करते हुए लिखा है–''सवर्णों के विशेषाधिकार बेगार तक सीमित न थे। अछूत और पिछड़ी जातियों की बहू-बेटियों पर डोरे डालना भी उन के, 'विशेषाधिकारों' के क्षेत्र में आता था। 'गोदान' को ही देखा जाय। पंडित दातादीन यही करते रहे हैं। उन का बेटा मातादीन सिलिया को तो रखे ही हुए है, झुनिया को देख कर भी लार टपकाने लगता है। पटवारी पटेसरी का लड़का भुनेसरी मातादीन के प्रति सिलिया के अनन्य प्रेम को जानते हुए भी उस पर डोरे डालने से नहीं चूकता, पं. नोखेराम भोला अहीर की घरवाली नोहरी को अपने घर में डाल लेते हैं, यहाँ तक कि पटेसरी के मुंह में भी पानी आ जाता है। जमींदार साहब का नौजवान दामाद तीस वर्षीय दिग्विजय सिंह ''पढ़ा-लिखा भी था; मगर ....गाँव की नीच जाति की बहू-बेटियों पर डोरे डाला करता था।'' गोया, सवर्ण जातियों में निहित स्वार्थों का एक ऐसा तबका पैदा हो रहा था जिस का काम ही अछूत और पिछड़ी जातियों की बहू-बेटियों को अपनी वासना का शिकार बनाना था।''[86] वे आगे लिखते हैं–''गोया सवाल सिलिया चमारिन का ही नहीं है, होरी कुरमी की बेटी सोना का भी है, भोला

अहीर की बेटी झुनिया और घरवाली नोहरी का भी है और सब की इज्जत को खतरे में डालने के लिए उस तरफ पटेश्वरी, नोखेराम, मातादीन, झिंगुरीसिंह और उन की अगली पीढ़ी के नौजवान लामबंद हो रहे हैं।''[87]

प्रेमचन्द के साहित्य में यह है सो है, लेकिन कान्ति मोहन की व्याख्या इस प्रकार है–''जाहिर है कि प्रेमचन्द अछूत बनाम छूत के संघर्ष को केन्द्र में प्रतिष्ठित नहीं करना चाहते। वह मात्र इतना दिखाना चाहते हैं कि यदि सवर्ण जातियों के निहित स्वार्थ अछूत तथा पिछड़ी जातियों की महिलाओं के प्रति अपना सामन्ती रवैया नहीं बदलेंगे तो उन्हें इस तरह के उग्र और संगठित प्रतिरोध का सामना करना पड़ सकता है।''[88] कान्ति मोहन समझ रहे हैं–''गोया गरीब और अमीर तबकों की लड़ाई का यह एक नया आयाम उभर रहा है और सामाजिक यथार्थ को आलोचनात्मक दृष्टि से देखने-परखने वाले उपन्यासकार की दृष्टि स्थिति के विकास के इस खतरनाक बिन्दु को रेखांकित करने में भूल नहीं कर सकती।''[89]

फिर भूल कहाँ हुई है? भूल वहाँ हुई है जहाँ कान्ति मोहन लिखते हैं–''और यही वह बिन्दु है जहाँ प्रेमचन्द के लिए अछूत समस्या का महत्व खत्म हो जाता है। यह तो छूत-अछूत की लड़ाई नहीं, गरीब-अमीर की लड़ाई है, वर्ग-संघर्ष है। छूत-अछूत के सवाल को इस व्यापक सन्दर्भ के भीतर ही रख कर देखा जा सकता है, इस से अलहदा उस का कोई मतलब नहीं।''[90] अजीब बात है, उलटी गंगा बहा रहे हैं! जब अछूत-समस्या के सब से ज्यादा नजदीक पहुँचे थे तब मान लिया कि यह अछूत-समस्या ही नहीं है। सारी सोच ही गलत है। तभी कान्ति मोहन 'बौड़म' कहानी पर भी अपनी प्रतिक्रिया इन शब्दों में देते हैं–''अप्रैल 1923 में प्रकाशित....'बौड़म' कहानी का अछूत समस्या से... .कोई ताल्लुक नहीं है... ।''[91]

बड़े दुख की बात है कि सन 1982 में लिखी अपनी इस पुस्तक में कान्ति मोहन ने 'गोदान' का मूल्यांकन इन शब्दों में किया है–''पिछले आठ-दस सालों में हरिजन-महिलाओं पर सवर्णों, कुछ पिछड़ी हुई जातियों के हिस्से और पुलिस कर्मचारियों द्वारा बलात्कार की जो असंख्य घटनाएँ प्रकाश में आई हैं उन की प्रक्रिया 'गोदान' के रचनाकाल में ही शुरू हो चुकी थी और प्रेमचन्द ने इसे देख भी लिया था।''[92] बताइए, कई हजार सालों की लम्बी समस्या को कान्ति मोहन सन 1936 से आरम्भ हुई गाग रहे हैं। उन के अनुसार, लेखकों में इस के सब से पहले जानकार प्रेमचन्द थे।

प्रेमचन्द इस बुराई के मात्र जानकार नहीं थे बल्कि इस के महत्वपूर्ण पात्र और घटक थे। उन्होंने अपनी पहली पत्नी छोड़ी जिस ने पुनर्विवाह नहीं किया, उन्होंने एक दूसरी स्त्री से अपना पुनर्विवाह किया तथा इन दोनों के साथ-साथ एक तीसरी स्त्री और रख रखी थी। प्रेमचन्द की पहली पत्नी छोटे-मोटे घराने की नहीं थी। प्रेमचन्द ही कह रहे हैं–''वे भी अपने घर के जमींदार थे।''[93] वे अपने घर के जमींदार थे लेकिन खुद प्रेमचन्द क्या थे? मैं उन्हें साहित्यिक जमीदार कहना चाहता हूँ। साहित्यिक जमीदार ही

रखैल रख सकते थे जो उन्होंने सच में रख रखी थी। मुझे नहीं मालूम कि वह औरत कौन थी। शिवरानी ने इस में आगे कुछ नहीं बताया। लेकिन कान्ति मोहन को जवाब देने के लिए यहाँ कामसूत्र का सहारा लिया जा सकता है।

कामसूत्र का अंग्रेजी भाषा में अनुवाद करने वाले वेन्द्री डोनिजर और सुधीर काकर ने इस पुस्तक का काल-निर्धारण 250-300 ई. प. माना है।[94] इस पुस्तक से बहुत कुछ पता चलता है कि सेक्स को ले कर उस समय भी क्या हो रहा था। यहाँ कुछ सम्बन्धित सूत्रों का अनुवाद दिया जा सकता है जो इस प्रकार है :

1. "गाँव के तरुण मुखिया, गाँव के तरुण अधिकारी (आयुक्त) हलोत्थवृत्ति ग्रामकूट (पटवारी) के तरुण पुत्र का ग्रामीण युवतियाँ केवल कहने मात्र से सहवास स्वीकार कर लेती हैं। विट लोग ऐसी स्त्रियों को 'चर्षणी' कहते हैं।"[95]
2. "जब चर्षणी स्त्रियाँ पीसने, कूटने, पकाने, चीज वस्तु के धरने, उठाने, घर की सफाई करने कोठार या घर में प्रवेश करें अथवा खेत में काम करने जायें, कपास, ऊन, अलसी, सन, मूंज, सूत लेने के लिए प्रवेश करें अथवा जिस समय वस्तुओं की खरीद-फरोख्त हो रही हो, उन से वस्तुएँ मंगाई और रखाई जा रही हों, इत्यादि ऐसे ही काम करते समय इन से छोटे अधिकारी सहवास कर सकते हैं।"[96]
3. "गवाध्यक्ष अधिकारी दही मथते समय ग्वालिनों से सहवास कर सकता है।"[97]
4. "विधवा, अनाथ और संन्यासिनी स्त्रियों के साथ सूत्राध्यक्ष सहवास कर सकता है।"[98]
5. "रात को पहरा देते हुए रहस्यों का ज्ञाता नगराध्यक्ष भी घूमने वाली स्त्रियों से सहवास कर सकता है।"[99]
6. "माल को बेचते-खरीदते समय बाजार का पण्याध्यक्ष बाजारू औरतों से सहवास कर सकता है।"[100]

ये सारे लोग इन स्त्रियों से सहवास कर सकते हैं लेकिन प्रेमचन्द और उन की कफन की कहानी समेत इन सब से मेरा पूछना यह है कि ऐसे सहवासों से पैदा सन्तान का पिता कौन होगा क्योंकि कामसूत्र के जमीदार और राजकर्मचारीगण दलितों की स्त्रियों को गर्भिणियाँ कर रहें हैं। क्या प्रेमचन्द इस प्रश्न का जवाब दे सकते हैं? मेरा सोचना यह है कि प्रेमचन्द इस प्रश्न का उत्तर देने की काबलियत और कुव्वत नहीं रखते क्योंकि वे स्वयं रखैल रख रहे हैं। सीधा सवाल दागा जा सकता है—प्रेमचन्द द्वारा गर्भवती की गई उस रखैल स्त्री के बच्चे का पिता कौन होगा? प्रेमचन्द के बजाय इस प्रश्न का उत्तर फ्रेडरिक एंगेल्स देते हैं।

फ्रेडरिक एंगेल्स ने अपनी पुस्तक 'परिवार, निजी सम्पत्ति और राज्य की उत्पत्ति' में इस का ऐसा उत्तर दिया है जो कायस्थों समेत भारत के सारे द्विजों पर एकदम सही बैठता है। वे लिखते हैं–"पहले की तरह अब भी बच्चों के पितृत्व का निश्चित होना केवल नैतिक विश्वास पर आधारित था और किसी भी तरह हल न होने वाले इस अन्तर्विरोध को हल करने के लिए Code Napole'on की धारा 312 में यह विधान किया गया था :

> ".....विवाह काल में गर्भ-धारण होने पर पति को बच्चे का पिता समझा जाएगा।"[101]

हिन्दी में एक कहावत है, अन्त भला सो भला, लेकिन चमारों को सन्तोष कैसे आए क्योंकि यहाँ अन्त ही बिगड़ गया है? प्रेमचन्द की इस अन्तिम कहानी 'कफन' से जमीदार ही खुश होंगे क्योंकि इस में जमीदार साहब के चरित्र को दयालु के रूप में दिखाया गया है। चमार तो यही कह रहे हैं–'अन्त बुरे का बुरा।'

अब दलित नारी अनिता भारती पूछ रही हैं कि क्या दलित साहित्य में ऐसे पात्र नहीं होते। वे विशेष रूप से लिख रही हैं कि प्रेमचन्द के गैर-दलित पात्र कफन के पैसे जुटा कर घीसू माधव की मदद करते हैं–अर्थात जमींदार ने 'जी में कुढ़ते हुए दो रुपये निकाल कर फेंक दिए।'[102] मरी हुई बुधिया के कफन के लिए दो रुपये नहीं फेंके जाने थे, बल्कि जिन्दी 'जाबाला' के नाम आधी हवेली करनी थी और उस के पैदा होने वाले 'सत्यकाम' के नाम में आधी जमींदारी लिखवानी थी। जमीदारी व्यवस्था में जमीदार दयालु कैसे हो जाएगा? यदि यह दयालुता है तो क्रूरता किसे कहा जाएगा? आखिर, 'अक्करमाशी' में शरण कुमार लिम्बाले की लड़ाई क्या है? इस तरह की दुखिया औलाद पैदा करने पर भारत में कभी तो रोक लगती। किसी ने रोक न लगाई, आखिर, घीसू-माधव ने रोक लगा दी। चलो, सभ्यता का दौर यहीं से शुरू माना जाए।

सेक्स में जमीदारी व्यवस्था के खिलाफ चमारों का घीसू-माधव के रूप में यह पहला ज्ञात विद्रोह है। चूँकि, इस में घीसू को जिस बारात के खाने की याद है,[103] बीस साल पहले हुए जमीदार के उस विवाह से पैदा 19 साल के जमीदार के बच्चे को कोई दण्ड नहीं दिया जा सका है, इसलिए इसे 'क्रान्ति' का नाम नहीं दिया जा सकता। फ्रेडरिक एंगेल्स बता ही गए हैं, और घीसू गाधव पर लागू होने वाले उस समय के भारतीय साक्ष्य अधिनियम, 1872 की धारा 112 सपठित धारा 4 के अनुसार जो आज भी ज्यों की त्यों लागू है, वे यह सिद्ध नहीं कर सकते थे कि बुधिया के पेट में जो बच्चा था वह जमीदार के बेटे का था।

अच्छा यह होगा कि यहाँ यह जान लिया जाए कि घीसू-माधव पर लागू होने वाला वह कानून क्या था। 'भारतीय साक्ष्य अधिनियम, 1872' की धारा 112 इस प्रकार है–"**विवाहित स्थिति के दौरान में जन्म होना धर्मजत्व का निश्चायक सबूत** है–यह तथ्य कि किसी व्यक्ति का जन्म उस की माता और किसी पुरुष के बीच

विधिमान्य विवाह के कायम रहते हुए दो सौ अस्सी दिन के भीतर हुआ था, इस बात का निश्चायक सबूत होगा कि वह उस पुरुष का धर्मज पुत्र है, जब तक कि यह दर्शित न किया जा सके कि विवाह के पक्षकारों की पहुँच ऐसे किसी समय नहीं थी कि जब उस का गर्भाधान किया जा सकता था।''[104] इसी अधिनियम में निश्चायक सबूत की परिभाषा इस प्रकार दी गई है–''**निश्चायक सबूत**–जहाँ कि इस अधिनियम द्वारा एक तथ्य किसी अन्य तथ्य का निश्चायक सबूत घोषित किया गया है, वहाँ न्यायालय उस एक तथ्य के साबित हो जाने पर उस अन्य को साबित मानेगा और उसे नासाबित करने के प्रयोजन के लिए साक्ष्य दिए जाने की अनुज्ञा नहीं देगा।''[105] तो, सन् 1872 में बने इस कानून की वजह से सन् 1936 में घीसू-माधव के पास कोई उपाय नहीं था कि वे अपने पक्ष में साक्ष्य देते। कानून जमीदार के पक्ष में बना हुआ था जो आज भी जैसे का तैसा लागू है। यूँ, जमीदार आराम से मूँछों पर ताव दे कर अपनी हवेली में हुक्का गुड़गुड़ा रहा था,–और नींद हराम थी तो घीसू-माधव की। जमीदार के मुन्शी प्रेमचन्द ने 'कफन' शीर्षक के बहाने सच में यह 'जमीदारनामा' ही लिखा है।

जब व्यवस्था सच्चाई को रास्ता नहीं देती तो वह ऐसे रूपों में प्रकट होती है जैसे इस 'कफन' कहानी में हुई है। गौतम कुन्दू के रूप में आज का माधव भी कानूनी स्तर पर दूसरे की औलाद को भरण-पोषण दे रहा है। उस के मामले में सुप्रीम कोर्ट ने कानून का निर्वचन करते हुए फैसला दिया है–''यहाँ तक कि यह सबूत भी सन्तान की अधर्मजता साबित करने के लिए पर्याप्त नहीं होगा कि उस की माता ने अनेक व्यक्तियों के साथ जारकर्म किया।''[106] सुप्रीम कोर्ट ने कानून न होने की कमी बताई है–''..... हमारे पास अधर्मज सन्तानों का संरक्षण करने के लिए इंग्लैंड की भाँति कोई विधान नहीं है।''[107] विधान नहीं है, तभी तो घीसू-माधव ने अपना अलग विधान निकाला है–''सवेरे माधव ने कोठरी में जा कर देखा, तो उस की स्त्री ठण्डी हो गई थी। उस के मुँह पर मक्खियाँ भिनक रही थीं। पथराई हुई आँखें ऊपर टँगी हुई थीं। सारी देह धूल से लथपथ हो रही थी। उस के पेट में बच्चा मर गया था।''[108]

घीसू और माधव ने हिन्दू स्वामी रामसुख दास की बात नहीं मानी। इस स्वामी ने ऐसे मामलों में अपनी पुस्तक 'गृहस्थ में कैसे रहें?' में क्या सलाह दी है? प्रश्न यह था–''यदि कोई विवाहिता स्त्री से बलात्कार करे और गर्भ रह जाए तो क्या करना चाहिए?''[109] हिन्दू स्वामी रामसुख दास ने उत्तर दिया है–''जहाँ तक बने, स्त्री के लिए चुप रहना ही बढ़िया है। पति को पता लग जाए तो उस को भी चुप रहना चाहिए। दोनों के चुप रहने में ही फायदा है।''[110] अब 'कफन' की कहानी में एक प्रेमचन्द को छोड़ कर सब चुप ही तो हैं। प्रेमचन्द ने ही जाने क्यों शोर मचाया है–हाय रे, लुट गया रे, पिट गया रे, मर गया रे! बुधिया और बुधिया का बच्चा!–जमीदार का पोता नहीं कहा गया। महाराज, दलितों में उस मातृसत्ता का जमाना लद चुका है कि बच्चे को उस का मामा पालेगा। एक बरस पहले बुधिया की शादी देवदासी के रूप में किसी देवमूर्ति से नहीं हुई

थी। घीसू का बेटा माधव पति के रूप में कोई 'मिट्टी का माधो' नहीं है।

घीसू-माधव ने गांधी की सलाह भी नहीं मानी जो समकालीन होने की वजह से उन के समय में दी गई थी। हुआ यों कि कोई एक व्यक्ति विदेश गए थे। उन्होंने गांधी जी से पूछा था–"मैं विवाहित हूँ; मैं विदेश चला गया था। मेरा एक मित्र था....। उस मित्र ने मेरी पत्नी को बहका लिया है। अब मैंने विदेश से वापस आ कर अपनी पत्नी को उस मित्र के संसर्ग से गर्भवती पाया...। मेरा क्या धर्म है, कृपया मुझे बतलाएँ?"[111] गांधी जी का उत्तर था–"उस के बालक का प्रेम के साथ पालन करना पति का धर्म है।"[112] गांधी जी की बात सारे हिन्दू मानें, पर घीसू-माधव चमार हैं, वे क्यों मानें? यही हुआ कि उन्होंने इस मामले में किसी की बात नहीं मानी। आदमी निर्वंश रहना चाहेगा बजाय इस के कि वह इस तरह से दूसरों की औलाद पाले। इस कारण कई लोग संन्यास धारण कर लेते हैं। वे अपने निर्वंश मरने को इस दासता और जहालत से बेहतर समझते हैं।

वैज्ञानिक अनुसंधान करने में लगे हैं कि मनुष्य के लिंग की बनावट ऐसी क्यों है जैसी वह मिलती है। प्रोफेसर गोर्डन गैलप के नेतृत्व में अमरीका में स्टेट यूनिवर्सिटी ऑफ न्यूयार्क के वैज्ञानिकों का एक दल इस क्षेत्र में कार्य कर रहा है। जो नतीजे उन के सामने आए हैं वे यह दर्शाते हैं कि मनुष्य का लिंग ऐसा इसलिए बना है ताकि वह सब से पहले किसी दूसरे पुरुष के उंडेले गए वीर्य को स्त्री की योनि से हटा सके।[113] प्रोफेसर गोर्डन गैलप ने बीबीसी की 'न्यूज ओनलाइन' को बताया है–"हम इस सिद्धान्त पर पहुँचे हैं कि पितृत्व की प्रतिस्पर्धा के फलस्वरूप मानव-पुरुषों के लिंग इस अद्‌भुत प्रकार से विकसित हुए हैं कि वे स्त्रियों की योनियों में रखे गए अन्य पुरुषों के पहले वीर्यों को हटा सकें।"[114]

तो, पैतृकता की यह लड़ाई जड़ से शुरू होती है। जब योनि में ही एक पुरुष का वीर्य दूसरे पुरुष के वीर्य से प्रतिद्वन्दिता में लड़ रहा है, तो बाहर परिवार और समाज के स्तर पर वह लड़ाई जारी क्यों नहीं रहेगी? फिर, विज्ञान की खोज अभी पक्की न भी हो, कोई किसी की रखैल के बच्चे क्यों पालेगा? –रखैल चाहे जमीदार रखता हो या उस वर्गहित में प्रेमचन्द। घीसू-माधव गरीब होने पर भी इसे कैसे सहन करेंगे? कोई व्यक्ति गरीब है तो इस का मतलब यह नहीं है कि जमीदार लोग उस पर अपनी औलाद भी थोप दें। मुजफ्फर नगर के एक गाँव में एक चमार ताऊ साफ-साफ कह रहा है कि मेरी पत्नी ने जो बेटी पैदा की है, वह गैर-बिरादरी के फलाने आदमी की है। वह पंचायती कुएँ पर बैठ कर सब के सामने रोता है और अपनी औरत से रोज झगड़ता है कि मुझ से दुश्मनों की औलाद को क्यों पलवा रही है– उस से क्यों नहीं पलवाती जिस की यह है?

प्रेमचन्द ने इस कहानी का पटाक्षेप एक दृश्य सृजित करते हुए इन शब्दों में किया है–"पियक्कड़ों की आँखें इन की ओर लगी हुई थीं और यह दोनों अपने दिल में मस्त गाये जाते थे। फिर दोनों नाचने लगे। उछले भी, कूदे भी। गिरे भी मटके भी। भाव भी

बताये, अभिनय भी किये और आखिर नशे से बदमस्त होकर वहीं गिर पड़े।"[115] लेकिन मालूम होना चाहिए कि ऐसे मामलों में ऐसा ही हो जाता है। ये तो जिन्दे रह गए, दूसरे लोग आत्महत्या तक कर लेते हैं। ऐसी सामाजिक परिस्थितियों में किस का कमाने को जी चाहता है? घरों के सम्मान का कोई मूल्य नहीं बचा। ये तो शराब पी कर मात्र गिर पड़े हैं, कई दूसरे लोग पागल हो जाते हैं। जमीदार-प्रथा में कानून बना कर घर-गृहस्थी के आदमियों से दूसरों की नाजायज औलाद पलवाई जाएगी तो कुछ भी हो सकता है। जमीदार के घर ऐसा हो जाता तो वह बावला हुआ कन्धे पर बन्दूक उठाए फिरता। प्रेमचन्द के घर में ऐसा हो जाता तो उन के साहित्य की धारा ही बदल जाती। और, प्राचीन भारत में 'बुद्धं शरणं गच्छामि' करने वाले उन बौद्ध भिक्षुओं की इतनी लम्बी कतार क्या थी? अध्यात्म की खोज और प्राप्ति की बात होती तो दो-चार लोग घर-बार छोड़ कर भिक्षु, अर्हत या संन्यासी बन जाते। इतने सारे लोग अपने घरों को छोड़ कर आध्यात्मिक क्यों बन गए हैं? ध्यान रहे, संन्यासियों ने घर-बार ही नहीं छोड़ा है, बल्कि समाज और राष्ट्र भी छोड़ा है। संन्यास का दूसरा नाम 'सामाजिक मृत्यु' है। ऐसे कानून से व्यक्ति के लिए संन्यास से ही जिन्दे रहने का एकमात्र रास्ता निकलता है लेकिन उस में राष्ट्र लुट जाता है–तब वह विदेशियों के हाथों में चला जाता है।

फिर, इस कहानी में यह बच्चा बुधिया के पेट में मर गया है लेकिन मैंने दिल्ली की महानगरी में ऐसे नवजात बच्चों को कूड़ियों पर फेंके गए रूप में देखा है–चील-कव्वे खाएँ या उन पर कुत्ते-बिल्ली झपटें। प्रेमचन्द के शहर बनारस में मैं नहीं गया, वहाँ मेरे जैसे किसी अन्य व्यक्ति ने ऐसे भयानक दृश्य देखे होंगे। प्रमाण उपलब्ध हैं कि रखैल औरतें ऋग्वेद काल से बच्चों को ऐसे कूड़ियों पर फेंकती आ रही हैं। डा. पी. वी. काणे अपनी पुस्तक 'धर्मशास्त्र का इतिहास' में लिखते हैं–"ऋग्वेद से प्रकट है कि उस काल में कुछ ऐसी भी नारियां थीं, जो सभी की थीं, और वे थीं वेश्या या गणिका।"[116] वे बताते हैं कि 'उस समय भी ऐसी नारियाँ थीं जो गुप्त रूप से बच्चा जन कर उसे मार्ग के एक ओर रख देती थीं।'[117] उन के अनुसार, ऋग्वेद में कई स्थानों पर 'जार गुप्त प्रेमी का उल्लेख हुआ है।'[118] क्या किया जाए, इन की परम्परा लम्बी है? किसे सुधारा जाए, इन के वेद अपौरुषेय हैं?

लेकिन ऐसा हो नहीं सकता था कि जार जीवन जी रहा कोई व्यक्ति जब लेखक भी बन जाता है तो वह वैसी कहानी न लिखता जो प्रेमचन्द ने 'बालक' शीर्षक से लिखी है। जार पुरुषों की सब से बड़ी समस्या यह बनती है कि उन के द्वारा जो जारज सन्तान पैदा होती है उस का पालन-पोषण कैसे हो और कौन करे। वे अपने को सौ गालियाँ दे सकते हैं लेकिन उन्हें इस बात का इन्तजाम करना ही पड़ता है कि उस औलाद का क्या हो। इस के लिए 'बालक' शीर्षक की कहानी में प्रेमचन्द ने एक गंगू नाम का पात्र खड़ा किया है। कहानी में कई जगह से भगी हुई एक विधवा से उस की शादी करवाई गई है। वह गंगू के साथ कुल छह महीने रही है और लड़का पैदा होते दिखाया गया है।

कहानीकार अच्छी तरह हिसाब जानते हैं कि स्त्री के पेट से छह महीने में बच्चा पैदा नहीं होता। एक वाक्य इसी बारे में है–''मैंने अब जरा व्यंग्य-भाव से कहा–लेकिन छः महीने में लड़का होते आज ही सुना।''[119] लेकिन कहानीकार को सन्तोष तब मिला है जब गंगू के मुख से ये शब्द कहलवाए हैं–''यह बच्चा मेरा बच्चा है। मेरा अपना बच्चा है। मैंने एक बोया हुआ खेत लिया, तो क्या उस की फसल को इसलिए छोड़ दूँगा, कि उसे किसी दूसरे ने बोया था?''[120] कहानीकार प्रथम पुरुष में बोल रहे हैं और गंगू ने इस प्रथम पुरुष को सज्जन पुरुष कह दिया है, तब प्रथम पुरुष के मुख से अपने बारे में ये शब्द निकलते हैं–''मैं और सज्जन! अपनी सज्जनता का पर्दा आज मेरी आँखों से हटा।''[121] प्रथम पुरुष आगे कहता है–''तुम मुझे सज्जन समझते हो? मैं ऊपर से सज्जन हूँ; पर दिल का कमीना हूँ। असली सज्जनता तुम में है। और यह बालक वह फूल है, जिस से तुम्हारी सज्जनता की महक निकल रही है।''[122] इस जगह आ कर ऐसे प्रथम पुरुषों की दूसरों की प्रशंसा में वाणी ऐसे बहती है मानो कीचड़ को बहने का रास्ता मिल गया हो। ध्यान रहे, कहानीकार ने इस बच्चे की परवरिश की जिम्मेदारी उस व्यक्ति पर डालने की कोशिश नहीं की जिस का वह सच में बच्चा है।

कमाल इस से आगे होता है। मेरी शिकायत प्रेमचन्द से चल रही है कि बच्चे के पालन-पोषण का इन्तजाम उस आदमी से कराया गया है जो उस बच्चे का बाप नहीं है। लेकिन हिन्दी की स्त्री लेखिका अनामिका प्रेमचन्द पर कुछ और ही तरह का वार करती हैं। उन्होंने प्रेमचन्द के इन शब्दों में कुछ गड़बड़ पढ़ लिया है। वे स्त्री-दृष्टि से अपनी पुस्तक 'स्त्रीत्व का मानचित्र' में लिखती हैं–''एक जमाना था जब गरीबी के चेहरे की झुर्री का एक-एक रेफ पहचानने वाले प्रेमचन्द-जैसे महाप्राण लेखक को भी 'बालक' नामक अपनी कहानी में स्त्री-सम्बन्धी उदारता की पराकाष्ठा यह लगी थी कि नायक दूसरे का गर्भ ले कर घर आई पत्नी को 'बोया हुआ खेत' मान कर स्वीकार कर ले!''[123] वे पूछती हैं–''स्वीकार तो ठीक, पर 'बोया हुआ खेत' मान कर? एक जीती-जागती शै खेत से तुलनीय कैसे होगी? उसे सहज स्नेह से स्वीकार नहीं किया जा सकता, सिर्फ इस नाते कि वह लौटी है और सब छोड़ कर?''[124] लगता है, यहाँ प्रेमचन्द दोनों ओर से बुरे फँसे हैं। काम ही ऐसा किया है। लेकिन अनामिका जिस की अपेक्षा कर रही हैं, वह सहज स्नेह तो केवल प्रथम पुरुष ही दिखा सकता था। प्रथम पुरुष ने वह दिखाया भी है पर केवल बालक के प्रति ही–''मैंने उस निष्कलंक बालक को गोद में ले लिया और इतने प्यार से उस का चुम्बन लिया कि शायद अपने बच्चों का भी न लिया होगा।''[125]

IX

अब, दलित नारी अनिता भारती के एक लेख " 'कफन' और 'दलित स्त्री-विमर्श' " के नम्बर आने की बारी रह जाती है। उन्होंने यह लेख मेरे स्त्री-सम्बन्धी विचारों के खिलाफ लिखा है। उन के इस लेख में से कुछ चुनींदा उद्धरण इस प्रकार रखे जा सकते हैं :

1. "आखिर प्रेमचन्द से दलित साहित्यकारों का विरोध क्या है?"[126]
2. "दलित साहित्यकारों को शिकायत है कि कफन कहानी में चमार जाति का उल्लेख कर उन्होंने दलितों को अकर्मण्य, आलसी, और निठल्ला साबित कर उन्हें अपमानित और बदनाम किया है? क्या दलित साहित्य में ऐसे पात्र नहीं मिलते?"[127]
3. "प्रेमचन्द के गैर दलित पात्र कफन के पैसे जुटाकर घीसू माधव की मदद करते हैं।"[128]
4. "आज बहुत से गैर दलित लेखक हैं जो सच में अपनी दलितों के प्रति संवेदना ले कर उन के बराबरी के हकों की लड़ाई के पक्ष में निकल कर आए हैं और लिख भी रहे हैं।"[129]
5. "प्रेमचन्द जाति व्यवस्था तोड़ने का हल निकालते हैं और समाधान वही है....रोटी-बेटी का सम्बन्ध... ।"[130]
6. "विगत तीन चार सालों में प्रेमचंद विवाद ठण्डा पड़ गया है। अब 'दलित स्त्री' चर्चा में है। चर्चा में लाने वाले हैं हिन्दी दलित साहित्य के पुरोधा कहे जाने वाले डॉ. धर्मवीर जी।"[131]
7. "सवाल उठता है प्रेमचंद दलित साहित्यकार क्यों नहीं है। क्योंकि उन्होंने अपनी कहानियों में दलित को निकम्मा, परजीवी, आलसी और निठल्ला दिखाया है। आप के अनुसार प्रेमचंद दलित साहित्यकार हो ही नहीं सकते क्योंकि वो गैर दलित हैं।"[132]
8. "क्या कारण है कि 'घीसू माधव' के लिए हमारे हिन्दी दलित लेखकों में बेइंतहा संवेदना जग गई और आज जब धर्मवीर

दलित स्त्रियों के बारे में....[133] बक रहे हो तो सारे दलित लेखक मौन व्रत धारण कर बैठे हैं।"[134]

तो, अनिता भारती पूछ रही हैं कि क्या घीसू और माधव जैसे पात्र दलित समाज में नहीं होते। वे होते हैं, जरूर होते हैं, पर अनिता भारती बताएँ कि क्या ऐसे दलित पात्र दलितों में नहीं होते कि गाँव का बुदलू चमार हरपाल त्यागी के बच्चे को अपना कह कर पाल रहा है। मुझे यह सुन कर बहुत अजीब लगता है जब कोई गैर-दलित पुरुष दलित नारी के पक्ष में बयानबाजी करता है—अब चाहे वह आधुनिक प्रेमचन्द हों या पुराना वात्स्यायन। तब तो मुझे और भी बुरा लगता है जब कोई दलित नारी गैर-दलित पुरुष का बचाव करती है, अब वह अनिता भारती हों या कोई और।

अनिता भारती प्रेमचन्द के रूप में एक जार पुरुष की प्रशंसा कर रही हैं—और इसकी दलित साहित्यकारों से अनुमति भी चाहती हैं। लेकिन यह 'अ आ' सीखने का मामला नहीं है, इस में 'ह' तक पारंगत होना पड़ता है—तब कहीं दलित कौमों की बहू-बेटियों की इज्जत की रक्षा की जा सकेगी। वे सद्भाव में और भोली बन कर जात-तोड़ विवाह की वकालत करती हैं लेकिन इधर चतुर प्रेमचन्द रखैल रख रहे हैं। दलित लोग अपनी बेटियों को ऐसे घरों में बहुओं के रूप में नहीं देंगे जो उन की छातियों पर रखैल रखेंगे। शिवरानी को बर्दाश्त है, यह उन की संस्कृति है कि चुप रह कर सौत और रखैल को स्वीकार करती हैं, दलित की बेटी होती तो प्रेमचन्द को तलाक दे देती—इस अपनी संस्कृति को धर के नाच! आगे बढ़ने से पहले जात-तोड़ विवाह में अनिता भारती यह गारन्टी तो लें कि वहाँ वे सौत और रखैल नहीं रह जाएंगी जिस में सब से पहले ब्राह्म-विवाह की अटूटता को तोड़ा जाना है। इसलिए, अनिता भारती जो कहें उस पर लम्बा सोचें। भारत की धरती पर यह जात तोड़ने का तमाशा कभी होने नहीं जा रहा है। हर हाल में, तर्क को तथ्य से मिलाया जाना है।

यदि अब भी अनिता भारती दलित कौमों के दुखों को और ज्यादा कुरेदना चाहती हैं तो उन्हें बताया जा सकता है फ्रेडरिक एंगेल्स ने अपनी पुस्तक 'परिवार, निजी सम्पत्ति और राज्य की उत्पत्ति' में स्काटलैन्ड की एक प्रथा का हवाला दिया है। वे लिखते हैं—'हमारा मतलब इस बात से है कि मध्य युग तक उन में पहली रात के अधिकार की प्रथा पायी जाती थी, अर्थात गोत्र का मुखिगा या राजा, पहले के सामूहिक पतियों के अन्तिम प्रतिनिधियों के रूप में, हर नव वधू के साथ पहली रात बिताने का दावा कर सकता था और केवल निष्क्रय-धन दे कर ही नव दम्पत्ति को इस से छुटकारा मिलता था।"[135]

यह यूरोप की बात हुई लेकिन इधर भारत में क्या हुआ है? उस का वर्णन विश्वनाथ काशीनाथ राजवाडे की पुस्तक 'भारतीय विवाह संस्था का इतिहास' में मिलता है। वे लिखते हैं—"देव समाज की आर्ष लोगों पर इतनी धाक थी कि आर्ष लोगों में कन्या का जन्म होते ही वे उस पर प्रथमतः देवों का अधिकार मानते थे। कन्या के दो

वर्ष के होने पर अमुक देवता का हक, चार वर्ष की होने पर अमुक देवता का हक और छः वर्ष की होने पर अन्य किसी देवता का हक–इस तरह जन्म से ही आर्ष स्त्रियों पर देवताओं के अग्र अधिकार होते थे।''[136] वे आगे लिखते हैं–''देवताओं के इस अग्र अधिकार से युक्त होने के लिए आर्ष लोग देवताओं को केवल अपना धान्य ही नहीं, उत्तम भूंजी हुई लाई और संगृहीत किया हुआ घी भी दिया करते थे। और इस तरह अपनी लड़कियों को उन के नियन्त्रण से मुक्त किया करते थे।''[137] राजवाडे बताते हैं–''आर्ष लोगों की यह प्रथा अभी भी प्रतीक रूप में महाराष्ट्र के लोगों में तथा अन्य भारतीयों में प्रचलित है। विवाह में लाजा होम नामक एक होम होता है। इस होम की सारी प्रक्रिया, वधू को देवताओं के अधिकार से मुक्त करने से सम्बन्धित है।''[138] उन्होंने आश्वलायन गृह्यसूत्र में बताई गई मुक्त करने की इस पूरी विधि-प्रक्रिया को अपनी पुस्तक में दिया है। उस का कुछ अंश यहाँ दिया जा रहा है–''आर्यमन्, वरुण तथा पूषन्, इन तीनों देवताओं का अधिकार, यानी पाश वधू पर था। वर ने उसे पाश से मुक्त कराने की ठानी। पहले देवताओं के साक्षात बन्धन से वधू को मुक्त करने के बाद वर उसे एक मजबूत शिला के निकट लाया और उस ने कहा...इस शिला पर चढ़ो, शिला के समान स्थिर रहो और शत्रुओं को हतप्रभ करो और उन का सामना करो। यह देख कर कि वह उन के अधिकार से वधू को छुड़ा ले गया, देवता क्रोधित हो उठे और उन्होंने वधू-वर पर आक्रमण कर दिया। तब वधू का भाई सहायता के लिए उस के पास आया। उस ने मध्यस्थता कर बात मारपीट तक न जाने दी। उस ने मिन्नतें कीं और वर द्वारा भगायी गयी वधू के बदले में भुंजी हुई लाई दण्ड के रूप में देना कबूल किया तथा देवों के चंगुल से बहन को मुक्त कराया। इस दण्ड का पारिभाषिक नाम 'अवदान' है।''[139] वधू को देवताओं के पाश से छुड़ाने की यह प्रक्रिया बड़ी लम्बी और क्रमवार है–''भाई की सहायता से यद्यपि देवताओं के ऋण से वधू की मुक्ति हुई, फिर भी अभी तक वधू के बालों पर वरुण के द्वारा लपेटा गया ऊन का डोरा अथवा पाश वधू को पीड़ा पहुँचा रहा था। उस पाश से वर ने बेचारी वधू के केश धीरे-धीरे छुड़ाये और निम्नलिखित धन्योद्गार मुँह से निकाले :....प्रिये, तुम्हें वरुण के पास से सदा के लिये मुक्त कर दिया है....यह आश्वासन देने के बाद वर बड़ी शान से विजयपूर्वक अपराजित दिशा की ओर सात कदम चलता है।''[140] तो, अनिता भारती किस जाति तोड़ने की बात कर रही हैं? द्विजों के लिए हर दलित नारी की जात जन्म से ही टूटी हुई है। राजवाडे ने इस का इतिहास लिखा है–''....देव समाज ने आर्ष समाज को अपने नियन्त्रण में कर लिया और आर्षों की समस्त वस्तुओं और सम्पत्ति पर उस का अधिकार हो गया। आर्षों की मुख्य धन-दौलत उन की स्त्रियाँ थीं,....उन पर भी देवताओं का अधिकार हुआ।''[141]

अब यहाँ यह जरूर बताया जाए कि प्रेमचन्द द्वारा इस कहानी लिखने के सन् 1936 के समय में भारत के गाँवों में यह प्रथा थी कि शादी होने के पहले दिन और रात चमारों की बहू जमीदार के घर में रुकेगी। अपनी ससुराल वाले गाँव में पहले वह सीधे

जमीदार की हवेली में ले जाई जाती थी। तब अनिता भारती क्या कह रही हैं? दलित कौमें हारी हुई हैं—और इस का सब से खतरनाक अर्थ यह है कि उन की औरतें उन की नहीं हैं। इसलिए, जब कोई दलित नारी जात तोड़ने की बात कहती है तो ऐसा लगता है मानो वह दलित कौमों की ज्यादा मजाक उड़ा रही है क्योंकि तब गैर-दलितों द्वारा उड़ाई गई मजाक कम पड़ती है।

उधर, गैर-दलित लेखकों से कहा जा सकता है कि दलित की समस्याओं का वर्णन करने से दलित साहित्य का सृजन नहीं हो जाता। दलित की भूख, पीड़ा और त्रासदी के बखान में उस की इतिश्री नहीं होती। दलित साहित्य का असली सृजन तब होता है जब उस में दलित का चिन्तन आता है। सारे गैर-दलित लेखक उस के इसी चिन्तन से घबराते हैं। वे अपना चिन्तन रख कर दलित समस्याओं का बखान और समाधान सामने रखते हैं, लिहाजा, उन का लिखा साहित्य दलित साहित्य की कसौटी में लाने से बाहर रह जाता है। एक प्रेमचन्द की अलग से क्या कही जाए,—कोई भी अन्य गैर-दलित लेखक इसका अपवाद नहीं हो सकता। उदाहरण के लिए कोई गैर-दलित हिन्दू लेखक साहित्य में नैतिकता कहाँ से लाएगा? जो मौरलिटी उस के पास और उस की सोच तक में नहीं है वह उसे साहित्य में कैसे जोड़ेगा? दलित साहित्य उसे ही कहा जाएगा जिस में पारिवारिक जीवन में तलाक की अनुमति हो, स्त्री के लिए भरण-पोषण पर रोक लगे तथा जारकर्मी को जारकर्म की जिम्मेदारी से नवाजा जाए। प्रेमचन्द समेत कौन-सा गैर-दलित हिन्दू लेखक है जो इन बातों को सपने में भी सोच सकता है? बचाव में आ कर वह कभी वेद में डुबकी लगाएगा, तो कभी महाभारत में कूदना चाहेगा, लेकिन जारकर्म से बचने के लिए उसे कहीं ठौर नहीं है। इसीलिए कहा जा रहा है कि गैर-दलित हिन्दू लेखक दलित साहित्य के लिखने को अपने लिए ठुमके लगाने की चीज न समझें, बल्कि यह एक पूरी दृष्टि का अन्तर है।

X

मेरे पास 'मेरी बात' के शीर्षक से प्रेमचन्द की आत्म-कथा उपलब्ध है। इस में एक शीर्षक 'मेरी पहली रचना' का है। बात वही उन के एक नाते के मामू की है। प्रेमचन्द उन के बारे में लिखते हैं–"(वे) एक चमारिन के नयन-बाणों से घायल हो गये। वह उन के यहाँ गोबर पाथने, बैलों को सानी-पानी देने और इसी तरह के दूसरे फुटकर कामों के लिए नौकर थी।"[142] लेकिन चमारिन का परिचय देने में प्रेमचन्द यहीं तक नहीं रुकते, वे लिखना जारी रखते हैं–"जवान थी, छबीली थी और अपने वर्ग की अन्य रमणियों की भांति प्रसन्नमुख और विनोदिनी थी।"[143] अब यहाँ यह काम अनिता भारती के बताने का है जो दलित नारी हो कर प्रेमचन्द की इतनी प्रशंसा कर रही हैं कि प्रेमचन्द के इन शब्दों–'अपने वर्ग की अन्य रमणियों की भाँति प्रसन्नमुख और विनोदिनी थी'–का क्या अर्थ है। प्रेमचन्द की कलम से ये जुमले किसी एक स्त्री के लिए नहीं निकले हैं बल्कि वे उस के वर्ग की अन्य तमाम रमणियों की बात कर रहे हैं। गैर-जात के पराये मर्द साहित्यकार बन कर चमारियों को इसी नजर से देखते हैं। जो कौम पिछले कई हजार सालों से दबी-कुचली और दलित है, उस की औरतों को रमणियाँ मान रहे हैं–रमणियाँ भी ऐसी जो प्रसन्नमुख और विनोदिनी हैं। 21वीं सदी के इन पहले पाँच सालों को मिलाते हुए पूरे विश्व में सामाजिक मनोविज्ञान के विकास का हिसाब लगा कर बताया जाए कि चमारी के बारे में प्रेमचन्द के ये शब्द उन की किस मानसिकता के परिचायक हैं। उन्हें गुलाम कौम की औरतें प्रसन्नमुख और विनोदनी दीख रही हैं! जो कौम रो रही हो, जिस की शास्त्र में परिभाषा यह की गई हो कि शूद्र वह है जो शोक करता हुआ आता है, उस की औरतों के बारे में अर्धशासक कौम के पुरुष क्या धारणा रखते हैं! प्रगतिशील चिन्तन तो उसे कहा जाता है जो दलितों के पुरुषों के साथ-साथ दलितों की नारियों पर भी तरस खाए। ये एक घर के दो हिस्से कैसे बनाए जा रहे हैं?

परदेशी राम वर्मा 'हंस' में छपे अपने लेख 'कामरेड का कामाख्यान' में राम शरण जोशी के छत्तीसगढ़ में किए गए कारनामों का ऐसा जिक्र कर रहे हैं जैसे एक शान्त और हरे-भरे बाग में किसी बन्दर ने उछल-कूद कर दी हो। वे लिखते हैं–"पदुमलाल पुन्नालाल बख्शी ने बहुत पहले लिखा था कि प्रेमचन्द की कहानियों में जो जातीय विद्वेष

की झलक और समस्या है उस के लिए छत्तीसगढ़ में जगह नहीं है। यह समरसता पर विश्वास करने वाले सहिष्णु लोगों की धरती है, जहाँ जातीय उन्माद भी देश के दीगर इलाकों की तरह कभी नहीं रहा। ऐसे भले और भोले लोगों का शोषण एक कामरेड ने भी निर्लज्जतापूर्वक किया, यह जान कर किसी का भी सर शर्म से झुक जाएगा।''[144] बस, जितना यहाँ परेदशी राम एक दूसरे व्यक्ति पदुमलाल पुन्नालाल बख्शी के माध्यम से प्रेमचन्द का नाम ले रहे हैं, उतना मैं यहाँ उन्हें करेक्ट कर रहा हूँ कि प्रेमचन्द ही हिन्दी उपन्यासों में इस सामन्ती मनोवृत्ति की पहली जड़ हैं क्योंकि वे स्वयं रखैल रख रहे हैं। हाँ, प्रेमचन्द का बचाव करने के बजाय कहना यह चाहिए कि राम शरण जोशी में प्रेमचन्द का विकास हुआ है। यह प्रदर्शन सच्ची अभिव्यक्ति है। प्रेमचन्द ने 1936 में अपने अध्यक्षीय भाषण में इसी प्रगतिशील साहित्य की घोषणा करके नींव रखी थी।

कारण यह है कि प्रेमचन्द की परम्परा राम शरण जोशी पर पूरी आई है। इस के पक्ष में अन्दाज लगाने की जरूरत नहीं है, राम शरण जोशी स्वयं लिख रहे हैं—''मैं कैसे भूल सकता हूँ उस ग्रामीण वेश्या के साथ बीती लम्बी रात? उस के साथ मदिरा-पान, संवेदनशील क्षणों की चरमोत्कर्षता, गोर्की व प्रेमचन्द पर चर्चाएं, उस की स्थगित प्रेम कथा....और न जाने कितने प्रकार की ढेर सारी बातें?''[145] तो, इस उद्धरण में प्रेमचन्द पूरे विराजमान हैं। प्रेमचन्द ही नहीं, प्रेमचन्द के गांधी भी उन के पास हैं क्योंकि तब उन छह-सात वर्षों तक उन्होंने 'मार्क्स से ले कर गांधी तक की चर्चा-यात्राएँ'[146] की थीं। वैसे, यहाँ मार्क्स और गोर्की का नाम फैशन के रूप में ही लिया गया है। यह विद्वता प्रदर्शित करने भर के लिए है। राम शरण जोशी की संस्कारगत वास्तविकता गांधी और प्रेमचन्द की है जिन दोनों में से कोई भी जार-दर्शन के विरुद्ध नहीं है और तलाक के पक्ष में नहीं है। फिर, रामशरण जोशी तो एक ब्राह्मण के रूप में वैश्य गांधी और कायस्थ प्रेमचन्द से वर्णक्रम में दोनों से ऊपर खड़े हैं।

मुझे राम शरण जोशी को प्रेमचन्द और अनिता भारती के बीच में रख कर देखना है। वे दोनों के मिलान बिन्दु हैं। प्रेमचन्द ने इस प्रगतिशीलता की शुरूआत की थी तो उन के बाद राम शरण जोशी ने इस प्रगतिशीलता को क्रान्तिकारिता के नाम से शिखर तक पहुँचाया है। अनिता भारती ने लिखा है कि 'आज बहुत से गैर दलित लेखक हैं जो सच में अपनी दलितों के प्रति संवेदना ले कर उन के बराबरी के हकों की लड़ाई के पक्ष में निकल कर आए हैं और लिख भी रहे हैं'[147] तो, उन्हें अब और गैर-दलित लेखकों में दलित हितैषियों के नाम गिनाने में कठिनाई पैदा नहीं होगी क्योंकि वे सब से पहला नाम राम शरण जोशी का ले सकती हैं। राम शरण जोशी ने दलित नारियों के साथ अपने सेक्स-सम्बन्धों के बारे में लिखा है—''यदि हम लोग ऐसा नहीं करेंगे तो ये औरतें भूखी मर जाएंगी।''[148] जब डा. अम्बेडकर ने अपनी कौम की वेश्याओं को वेश्यावृत्ति छोड़ने के लिए कहा था तो डा. अम्बेडकर के खिलाफ तत्कालीन हिन्दू समाज सुधारकों का यही तर्क था जो ऊपर, राम शरण जोशी ने अपनी 'मर्दानगी के हवनकुंड के लिए'[149] तर्क के

रूप में समिधा जुटा कर पेश किया है।

राम शरण जोशी पर क्यों टिका जाए? उन की कमियों का ब्यौरा क्यों इकट्ठा किया जाए? उन के लेख से उन के नाम सकेरो जो उन के मित्र हैं। राम शरण जोशी को यदि एक तरफ 'प्यांस बुझाने की तड़प'[150] सताती है तो दूसरी ओर 'आत्मधिक्कार'[151] भी परेशान कर रहा है। लेकिन उन के उस मित्र के मन में जो औरतों को 'लखन पाल'[152] के पुरुष नाम दे कर उन्हें भोग रहा है, ऐसे किसी आत्मधिक्कार की भावना नहीं है।

मैं फिर कह रहा हूँ कि राम शरण जोशी पर मत जाओ कि वे ऐसी औरत से सैक्स कर रहे थे जिस के कुछ दिन पहले ही बच्चा हुआ था और भूल में वे उरोजों का पान करने के बजाय 'स्तनपान'[153] कर बैठे। इस घृणित अवस्था से उन्हें उबकाई आ रही है। वे लिख रहे हैं—"मैंने इस कोख को तिरस्कृत किया है। मैं अधम हूँ। मैं पापी हूँ। मैं नीच हूँ। मेरी कोई गत नहीं। इस का कोई प्रायश्चित नहीं है।"[154] वे अपनी मानसिक स्थिति के बारे में लिखते हैं—"उस रात मैं सो नहीं सका। खाना भी नहीं खा सका। माथा भन्ना रहा था। बगैर पीए।"[155] लेकिन उन के मित्र के बारे में सोचा जाए जिन की इस संस्कृति में ज्यादा बड़ी संख्या है। उन के बारे में वह औरत इन से कहती है—"तुम्हारे साथ वाले बाबू ने तो कुछ नहीं कहा। वे तो मजे से....पीते रहे।"[156] अपने उन मित्र के बारे में राम शरण जोशी लिखते हैं—"मित्र की दृष्टि में मैं 'उपहास का पात्र' बन चुका था।....वह अगली सुबह फिर अपने स्टोर रूम में पुराने लखनपाल (नौकरानी-वेश्या) के साथ पड़ा हुआ था।"[157]

राम शरण जोशी से संवाद बनाया जा सकता है, चांस है कि वे सुधर जाएँ, पर उनके इस मित्र के बारे में क्या कहा जाए जो इन्हें समझा रहा है—"अरे पण्डित जी,....पत्नी तो स्थाई चीज है। उस ससुरी को कौन ले जा रहा है? छत्तीसगढ़ में अकेले रहोगे तो नाना प्रकार के व्यंजन मिल जाएंगे। जमकर भूख मिटाओ....।"[158] कहने का मतलब यह है कि पत्नी की तरफ से पूरी गारन्टी ले रखी है कि वह ऐसे व्यभिचारी पति से भी तलाक नहीं ले सकती। असल में, उन के मित्र को पता ही नहीं है कि उन के घर में उन की पत्नी को कौन-कौन ले जा रहा है। विवाह की तीन हजार साल की अटूटता एक लम्बा दिखावा है। इन घरों में ताकत और मजबूती नाम की चीजें नहीं हैं। ऐसे झूठ और व्यभिचार की बुनियाद वाले ऐसे घर राष्ट्र और राज्य को क्या जाने—यवन आएँ या तुर्क, फ्रांसीसी राज करें या अंग्रेज।

राम शरण जोशी लिखते हैं—"विचलन व निर्बलताओं के प्रति मैं धीरे-धीरे उदासीन होता चला गया। मैंने इन के सम्बन्ध में गम्भीरता से सोचना ही छोड़ दिया था।. ...बिल्कुल इम्यून हो चुका था।"[159] लेकिन इस में नई बात क्या है? नई बात केवल यह है कि इन्हें व्यभिचार में इम्यून होने में इतना समय क्यों लगा? पूरी संस्कृति इम्यून है। तभी विवाह को ब्राह्म-विवाह बनाया है। किसी कौम का अपने पर्सनल कानून में

विवाह की अटूटता पर आना जीवन में व्यभिचार से इम्यून होने का ही फल है। इसलिए, सिद्ध यह हो रहा है कि राम शरण जोशी पर पुण्य और नैतिकता हमला कर रहे हैं जो इन की संस्कृति में बाहरी तत्व हैं। यदि एक प्रतिशत भी 'गिल्ट'[160] बची हुई है तो मनुष्य को, प्रायश्चित करवा कर नहीं बल्कि दण्ड भुगतवा कर, पुनः उभारा जा सकता है, लेकिन यहाँ एक राम शरण जोशी नहीं, व्यभिचार को ले कर पूरी द्विज संस्कृति 'इम्यून' हुई पड़ी है। राम शरण जोशी के भीतर नैतिक और अनैतिक, पाप और पुण्य के द्वन्द धीरे-धीरे मिटे हैं लेकिन उन की संस्कृति में इन के मिटने की शुरूआत कन्धों पर पहली बार जनेऊ धारण करने के दिन ही हो जाती है। कइयों में ये दुविधा और द्वन्द्व उसी दिन मिट जाते हैं। और देखिए, उन्होंने भी कितनी जल्दी सिद्धों की सहजता प्राप्त कर ली है—"रेस्ट हाउस की घटना के बाद हुआ यह कि मेरा भय व संकोच दिल-दिमाग से जाता रहा। मैंने स्वयं को 'सहज' छोड़ दिया।"[161] कबीर तो इन के चेले के बराबर भी नहीं ठहरते जो सहज समाधि की बात अव्यभिचारी रूप में प्राप्त करते हैं। यहाँ किसी भी भय और संकोच को त्याग कर व्यभिचार में इन की सहज समाधि लग रही है।

जिन कौमों में लौकिक प्रेम को वर्णों, जातियों, नस्लों और अन्य वजहों से पूरा उतरने का मौका नहीं मिलता उनके नायक और नायिकाएँ दिव्य और आध्यात्मिक प्रेम की बात करने लगते हैं। उन के यहाँ प्रेम का पूरा बखेड़ा हो कर रहता है। ब्राह्मण संस्कृति के हिस्सेदार और प्रतिनिधि के रूप में राम शरण जोशी ने इस स्थिति का वर्णन इन शब्दों में किया है—"....प्रेम और यौन के सैद्धान्तिक पक्ष से मैं तब भी अनभिज्ञ था, और आज भी हूँ।"[162] जब प्रेम और विवाह में कोई ताल्लुक नहीं है तो अनभिज्ञ रहना ही पड़ेगा। यह एक व्यक्ति का संकट नहीं है, पूरी द्विज संस्कृति का संकट है। इस में हर कोई राम शरण जोशी की तरह यह कहता हुआ परेशान खड़ा है—"प्रेम और काम का योग अनुभूति को आत्मिक व दिव्य बना देता है। पता नहीं यह वक्तव्य या निष्कर्ष सही है या गलत, मैं नहीं जानता।"[163] जानने की जरूरत क्या है—और जान कैसे पाओगे? परस्त्री को ले कर यही कह पाओगे—"उरोज-रसपान की अनुभूति मेरे लिए दिव्य थी।"[164] इस संस्कृति के नायकों और लेखकों को इसी दिव्य भाव में भटकना पड़ेगा क्योंकि प्रमाण देते हुए वे स्वयं ही लिख रहे हैं कि यह अनुभूति 'लेकिन नई नहीं थी।'[165] जी हाँ, उस से पहले बहुत कुछ घटित हो चुका था। तब उन के मन में अपने 'प्रथम एक तरफा प्रेम' की स्मृतियाँ उभरती हैं। वे लिखते हैं—"किशोरावस्था की वह अनुभूति अलौकिक थी।...उस का परोक्ष स्पर्श आज भी आध्यात्मिकता का एहसास करा देता है।"[166]

यूँ, इन की दिव्य अनुभूति, अलौकिकता और आध्यात्मिकता का सृजन और उस का विकास होता रहता है। कारण, विवाह में उन्हें इन में से कुछ भी ज्ञात और प्राप्त नहीं है। तब इन के अन्तस्तल में एकल संवाद चलते हैं। राम शरण जोशी ने बड़ी ईमानदारी से उस तथ्य को शब्द दे दिए हैं—"मेरा एक 'विभक्त व्यक्तित्व' बनता जा

रहा था।''[167] लेकिन द्विज होने के संस्कार का शाब्दिक मतलब ही यह होता है कि आगे ताउम्र विभक्त व्यक्तित्व जिया जाना है। 'द्विज' और 'विभक्त व्यक्तित्व' एक दूसरे के पर्यायवाची शब्द हैं।

यह सब ब्राह्म-विवाह की अटूटता और पवित्रता का पूर्व और पश्चात वर्णन है जो राम शरण जोशी ने अपनी इस आत्मस्वीकृति में किया है। पूत के पाँव पालने में ही दीखने लगते हैं। ब्राह्म-विवाह की वजह से ही और उस की पूर्वपीठिका को सजाते हुए ही वे 'प्रथम एक तरफा प्रेम'[168] के शब्दों पर पहुँचे हैं। अब यह प्रथम हो या दशम या अन्तिम, क्या यह एक तरफा मामला सीधा बलात्कार की ओर नहीं जाता? इस में जमीदारों और सामन्तों की जोर-जबर्दस्ती की गंध सूंघी जा सकती है।

राम शरण जोशी 'हंस' में छपे आत्मस्वीकृति के अपने लेख 'मेरे विश्वासघात-I' में लिखते हैं–'' 'कामसूत्र' तक नहीं पढ़ सका हूँ।''[169] उन्हें पढ़ने की जरूरत क्या है? वे कामसूत्र के साक्षात मूर्तिमान देवता हैं। कामसूत्र को अलग से पढ़ने की जरूरत नहीं है क्योंकि वह उन के संस्कारों में पोर-पोर रमा हुआ है। वह ब्राह्मणों में बिना पढ़े भी पीढ़ियों से नशे के बहाव की तरह उतरा चला आ रहा है। जब ब्राह्मण संस्कृति अंगूठा टेक हो जाएगी तब भी इन मामलों में उस का कोई नुकसान होने वाला नहीं है। ब्राह्मण होने के नाते कामसूत्र का शब्द-शब्द उन के शरीर में है, बल्कि कहना चाहिए अपने इस कामाख्यान को लेखबद्ध करके उन्होंने उस में कुछ वृद्धि ही की है। 1800 वर्ष पहले कामसूत्र के लेखक वात्स्यायन को स्त्री के उरोजों से दूध पीने का अनुभव नहीं था। योगेन्द्र आहूजा ने प्रतिक्रियास्वरूप लिखे अपने लेख 'नाकाबिलेबर्दाश्त भभका' में लिखा है–''जोशी जी भीतर जाते हैं। वहाँ रतिकर्म के दौरान पता चलता है कि उस के स्तनों में दूध है। वह कुछ दिन पहले ही माँ बनी है।''[170] यूँ, यह नया कामाख्यान पुराने कामसूत्र से बहुत आगे निकल गया है। हाँ, एक स्त्री की झोंपड़ी में रतिक्रिया के लिए जा कर राम शरण जोशी संस्कृत में लिखे जयदेव के 'गीत गोविन्द' की पंक्तियाँ ही तो गा रहे हैं जब लिख रहे हैं–''...आयु बीस-बाईस साल की है। उस ने लाल मोटी धोती पहन रखी है। लाल-पीला ब्लाउज है। देह पर अमराई उतरी हुई है। उरोज सम्हाले नहीं सम्हल रहे हैं। उछल....उछल, फुदक....फुदक जा रहे हैं। रसीले पयोधर।''[171] आखिर, उन के द्वारा प्रयोग किए गए 'दंशों की बरसात'[172] के शब्द कामसूत्र और गीतगोविन्द से ही अनूदित हो कर हिन्दी में आए हैं।

उधर, द्रोण वीर कोहली, 'हंस' में छपे अपने लेख 'अगर थोड़ा बच के लिखा गया होता तो....' के द्वारा राम शरण जोशी को सलाह दे रहे हैं–''(रामशरण,) अगर तुम इतनी अमूल्य निधि को अभी अपने भीतर संजोए रखते, अन्तस्तल में उसे उमड़ने-घुमड़ने देते, तो यह भड़ास लावा बन कर संभवतः एक अनुपम रचना को जन्म दे सकती थी।''[173] वे उन्हें 'कच्चे माल का सदुपयोग'[174] करना सिखा रहे हैं। एक लेखक के नाते वे अपने मित्र के साहित्यिक नुकसान पर हाय-हाय कर रहे हैं–''....ब्रवेडो में आ कर

रामशरण ने नाव में बैठ दोनों हाथों से ऐसी अमूल्य सामग्री पानी में उलीची है जिसे कोई *हंस* रिट्रीव नहीं कर सकता।''[175] वे अपने लेख की शुरूआत ही इन शब्दों से करते हैं–''*रामशरण* के पास इतना अनुपम और कच्चा माल है जिस के लिए कोई कथाकार-उपन्यासकार तरसता है और जो किसी अद्वितीय कथाकृति का उत्स बन सकता है।''[176] लेकिन यही दलित जीवन का अपमान और उन की त्रासदी है। जो गैर-दलित साहित्यकारों का 'कच्चा माल', 'अमूल्य निधि' और 'अमूल्य सामग्री' है, वही प्रेमचन्द की कहानी 'कफन' के आइसबर्ग का 'आठ बटा नौ' है। द्रोणवीर कोहली राम शरण जोशी के सच बोलने से परेशान और उन पर कुपित हैं–''....राम शरण ने झोंक में आ कर या *हंस* संपादक के झांसे अथवा भुलावे में आ कर जिस 'ईमानदारी' के साथ 'साहस करने की हिम्मत' दिखाई है, वह वैसा ही एडवेंचर है.... ।''[177] द्रोणवीर कोहली राम शरण जोशी को समझा रहे हैं कि द्विज साहित्यकार 'आत्मकथा' नहीं लिखा करते। उन के अनुसार, साहित्य का ईमानदारी से क्या मतलब? इसलिए, 'कच्चे माल', 'अमूल्य निधि' और 'अमूल्य सामग्री' का सदुपयोग करके ऐसे लिखते जैसे प्रेमचन्द ने अपनी कहानी 'कफन' लिखी थी जिस में प्रेमचन्द ने बड़ी आसानी से लिख दिया कि 'जमींदार साहब दयालु थे।' वह दयालु था, पर जारकर्मी और बलात्कारी तो था ही। इस से उस की दयालुता या ना-दयालुता पर क्या फर्क पड़ता है? लेकिन दलित के लिए जमीदार के जारकर्मी और बलात्कारी होने पर उस के 'दयालु' होने का कोई अर्थ नहीं रहता। यह प्रेमचन्द के वर्ग का फैशन हो सकता है कि मरी हुई ऐसी औरत के कफन के लिए दो रुपये फेंकने पर जमीदार को दयालु कह दिया जाता है।

प्रेमचन्द के समय में नक्सलवाद ने जन्म नहीं लिया था। राणा प्रताप ने 'हंस' में छपे अपने लेख 'यह दुनिया भी सामने आए ताकि....' में अभी पिछले दशकों की सामाजिक सच्चाई तार-तार बताई है–''नक्सलवाद के प्रथम चरण की बात है। तब वहाँ एक भूमिगत अंचल कमेटी थी। सचिव थे राज किशोर नाम के नौजवान। राज किशोर सिंह सामन्ती परिवार से आया था। राजपूती शान और दलित घर की लड़कियों को भोगना तब भी वह अपना अधिकार समझता था।''[178] तो, राणा प्रताप द्वारा बताया गया यह राजपूत तो दयालु से भी ज्यादा दलितों के हक में क्रान्तिकारी तक हो गया था। जब क्रान्तिकारी होने पर भी दलित घरों की लड़कियों के प्रति यह मानसिकता है तो समझा जा सकता है, प्रेमचन्द के जमीदार किस परिभाषा के दयालु रहे होंगे। रिजल्ट में राणा प्रताप लिखते हैं कि आखिर राज किशोर की दलित घरों की लड़कियों को भोगने की हरकतों से तंग हो कर दूसरे कामरेड कल्लू लुहार ने टेटुआ दबा कर उस की हत्या कर दी। उस के बाद कल्लू भी मारा गया। तब कल्लू के भतीजे ने उस की हत्या कर दी जिसने कल्लू को मारा था। राणा प्रताप लिखते हैं–''कहने का आशय यह है कि यह जो दलित स्त्रियों को भोगने की सामन्ती मानसिकता है, पुराना और रुग्ण संस्कार है, जब तक इसे लोग छोड़ेंगे नहीं, कल्लू पैदा होता रहेगा।''[179] राणा प्रताप ने कम्युनिस्ट

क्रान्तिकारियों का एक अन्य उदाहरण इस प्रकार बताया है–''एक वरिष्ठ कामरेड का किस्सा तो चटपट में समाप्त हो गया था। उन्होंने किसी मल्लाह के घर शेल्टर ले रखा था। मल्लाह की जवान बेटी थी। कामरेड का उस की बेटी पर दिल आ गया। खेल शुरू ही हुआ था कि मल्लाह को मालूम पड़ गया। किसी को भी पता नहीं चला, कामरेड एक दिन गायब हो गए। दरअसल, मल्लाह ने उन्हें काट कर नदी में बहा दिया था।''[180]

यही प्रेमचन्द की कहानी के पात्रों घीसू-माधव का सन्दर्भ है। यही समाज के पानी में तैरते आइसबर्ग का 'आठ बटा नौ' है जो नीचे समाया हुआ है। आश्चर्य है, प्रेमचन्द इस 'आठ बटे नौ' को अपने पेट में ही ले कर रह गए। वे कैसे मुन्शी थे जो सामन्त का पूरा हिसाब-किताब नहीं बता सके? असल में, जमीदार दयालु हो जाए, या कामरेड बन जाए, दलितों की स्त्रियों को भोग कर वे उन से अपना कोई वैदिक टैक्स ही उगाहते हैं। 'सोलीलॉकी : तीन' में राम शरण जोशी का अपने बारे में खुद पूछना ही है–''क्या यह सामन्ती दृष्टि नहीं है?''[181] जी हाँ, यह वही है, और कुछ उस से भी ज्यादा क्योंकि इस में ब्राह्मणत्व अलग से और फालतू जुड़ा हुआ है।

XI

अनिता भारती ने अपने लेख ' 'रंगभूमि-दहन' और दलित-अस्मिता का प्रश्न' में प्रेमचन्द का एक अन्य पक्ष ले कर उन की प्रशंसा की है। प्रशंसा करने वाली बात है तो प्रशंसा की ही जानी चाहिए। मुझे प्रेमचन्द की प्रशंसा से अलर्जी नहीं है। वे अपने लेख में प्रेमचन्द की पुस्तक 'प्रेमचन्द, विविध प्रसंग, भाग-2, पृ.-466' से उद्धृत करती हैं। प्रेमचन्द के वे शब्द इस प्रकार हैं—''हमारे हिन्दू मन्दिर भोग और प्रसाद, पुरोहित और पंडे, ईश्वर के नाम पर व्यभिचार तथा दुराचार करने वाले स्वार्थी और लोलुप—दर्शन करने वालों से पहला प्रश्न करने वाले कि पैसा चढ़ाओ—पामरों के अड्डे मात्र हैं।''[182] इस के बाद अनिता भारती उन्हें उन के लेख 'मन्दिरों पर दृष्टि' से उद्धृत करती हैं—''पुजारियों का महन्तों का और धर्म गुरुओं का जीवन भयानक विलासिता से भरा हुआ है। वे मन्दिरों की आड़ में जघन्य से जघन्य कर्म नहीं करते शर्माते। ईश्वर का गाना सुना कर उन्हें खुश रखने के लिए उन्हें वेश्याएँ चाहिए। इस बहाने वे अपनी राक्षसी कामना को पूर्ण करने और अपने जीवन को विलास-वासना और पतन के गहरे गड्ढे में डाल देते हैं।''[183] पर जाना जाए कि कहीं प्रेमचन्द के इन शब्दों में सुधार के बजाय उन की पुरोहितों और पंडों से होड़ का और जलन का मामला तो नहीं है। खुद प्रेमचन्द के जीवन को उन के इन्हीं शब्दों की कसौटी पर कसा जाए तो चार मुद्दे बनते हैं :

1. प्रेमचन्द द्वारा पत्नी के रहते हुए रखैल रखी गई—क्या यह उन पर सौ प्रतिशत व्यभिचार का मामला नहीं बनता?
2. खुद रखैल रखने का जीवन क्या विलासिता के जीवन में शुमार नहीं है?
3. पुजारियों को, महन्तों को और धर्मगुरुओं को वेश्याएँ चाहिए, प्रेमचन्द को रखैल चाहिए—क्या इन में कोई ज्यादा बड़ा फर्क है कि पुजारी बुरे कहे जाएंगे और प्रेमचन्द अच्छे?
4. पुरोहित और पंडे ईश्वर के नाम पर व्यभिचार करते हैं, प्रेमचन्द किस सेक्यूलर या लौकिक आधार पर रखैल रखने का जारकर्म करते हैं?

ऊपर गिनाए गए इन चार मुद्दों की वजह से प्रेमचन्द पुरोहितों, पंडों, पुजारियों, महन्तों और धर्मगुरुओं की श्रेणी में शामिल हो जाते हैं। कोई बताए कि उन्हें किस बिना पर इस श्रेणी में से 'ओड मैन आउट' के रूप में अलग छाँटा जाए। पंडे और पुजारी व्यभिचार का, विलासिता का और वेश्याभोग का अपराध धर्म और ईश्वर का नाम ले कर–अर्थात कुछ छुपा कर–किसी ओड्डे से–किसी ओट में रह कर कर रहे हैं, पर प्रेमचन्द इस तरह का जीवन, बिना किसी ओट और आड़ के, सीधे चोरी से जी रहे हैं। तब सेक्यूलर और लौकिक होने का फायदा क्या रहा? बिना किसी ओट या ओड्डे के सीधे सेक्स-अपराध पर अड़े हुए हैं। यह ज्यादा खतरनाक मामला है। पंडे और पुजारी धर्म और ईश्वर का बहाना ले रहे हैं लेकिन यहाँ प्रेमचन्द के रूप में सीधा सामन्त बोल रहा है जब अपनी पत्नी से कह रहा है कि तुम्हारे रहते मैंने एक रखैल भी रख रखी थी। इन की पत्नी भी एक सामन्त की पत्नी की तरह ही जी हैं और वैसा ही जवाब दे रही हैं कि वे उस बात को जानती हैं। इस सामन्त की पत्नी को कोई शिकायत नहीं है। लेकिन, फिर भी, प्रेमचन्द में और सामन्त में एक नुक्ते का फर्क जरूर है। फर्क यह है कि सामन्त होने के बजाय प्रेमचन्द सामन्त के मुंशी हैं। इसी फर्क की वजह से जबकि सामन्त खुल्लमखुल्ला रखैल रखता है, उस के मुंशी चोरी से रखैल रख रहे हैं। वैसे, दोनों तरीकों का परिणाम एक ही निकलता है कि सर्दा-मर्दी या चोरी से–,पर दोनों रखैल रहे हैं। इसी जगह पर आ कर कहा जा रहा है कि हिन्दुत्व मूल रूप से जारकर्म का दर्शन है। वर्ण-व्यवस्था और जातियाँ इस के साधन हैं कि जारकर्म किस ओर तथा किस रफ्तार से किया जाएगा। इस के लिए अनुलोम और प्रतिलोम के बहाव और नाके खड़े किए गए हैं। कोई व्यक्ति वर्ण और जाति के खिलाफ बोले तथा ब्राह्म-विवाह के जार दर्शन को कबूल करे तो वह हिन्दू ही कहा जाएगा। विवाह की अटूटता का जार-दर्शन हिन्दुत्व की माँ है। इसलिए, किसी हिन्दू को हिन्दू धर्म से हटा हुआ तभी कहा जाएगा जब वह जार दर्शन से अलग हटे। वर्ण और जातियाँ खाँचे भर हैं, जिन में जार-दर्शन का गिलोंदा भरा जाता है। तभी डा. अम्बेडकर ने हिन्दुओं से अपनी पुस्तक 'एन्निहिलेशन आफ कास्ट' में वर्णों और जातियों भर को तोड़ने के लिए नहीं कहा था बल्कि 'हिन्दू कोड बिल' के द्वारा सदियों से चला आ रहा जारकर्म भी छोड़ने के लिए कहा था। लेकिन सच्चाई यह है कि द्विज लोग एक बार को वर्ण, जाति और अस्पृश्यता को भूल सकते हैं लेकिन जारकर्म और बलात्कार के दर्शन को कभी स्वप्न में भी नहीं छोड़ सकते। अच्छा किया, बाबा साहेब डा. अम्बेडकर ने हिन्दू धर्म छोड़ दिया। वे इस महान कृत्य के अधिकारी थे, सक्षम थे, क्योंकि वे जारकर्म के विरोध में संसद में बबकार कर बोले थे, प्रेमचन्द किस मुँह से सक्षम कहे जाएंगे जब वे जारकर्म के मामले में म्याऊँ बने पड़े हैं? तब प्रेमचन्द का वर्णों का, जातियों का और छुआछूत का विरोध भी अर्थहीन हो जाता है। यही प्रेमचन्द के द्वारा लिखे गए साहित्य की रिडल है जो आसानी से पकड़ी जा सकती है। जब ठग पकड़ा गया तो ठगौरी कहाँ से बची रह जाएगी? और एक

प्रेमचन्द नहीं, इस फन्दे में सारे उदारवादी हिन्दू पकड़े जाते हैं। उदाहरण के रूप में बताया जा सकता है कि मैनेजर पांडेय ने बड़े गर्व से बड़ी सही बात कही है–"...भारतीय समाज की सब से बड़ी समस्या जातिवाद है।"[184] इस विषय को ले कर उन्होंने इस समय के चिन्तकों पर इल्जाम भी लगा दिया है–"...इस बीच तो डॉ. अम्बेडकर जैसा गम्भीर कोई विचारक भी नहीं है जो जाति-व्यवस्था को उस की गम्भीरता, सच्चाई और उस की क्रूरता के साथ ध्यान में रख कर सोचे।"[185] ठीक बात है, बाबा साहेब की उन्होंने इतनी प्रशंसा की है तो इस के लिए उन को धन्यवाद ही दिया जा सकता है। अच्छा काम किया है तो अच्छा बताया जाने में क्या मुश्किल है? लेकिन, लगता है, मैनेजर पाण्डेय के सामने डा. अम्बेडकर की एक ही पुस्तक 'एन्निहिलेशन आफ कास्ट' आई है और वह भी उन से अधपढ़ी रह गई है। पता यह भी लगता है कि मैनेजर पाण्डेय ने डा. अम्बेडकर का हिन्दू कोड बिल पढ़ा ही नहीं है। पढ़ेंगे तो उन्हें पता चलेगा कि डा. अम्बेडकर मानते हैं कि भारतीय समाज की जातिवाद से भी बड़ी समस्या जारकर्म है। उन्हें सलाह दी जा सकती है कि डा. अम्बेडकर के पूरे प्रशंसक होने के लिए जारकर्म को उस की गम्भीरता, सच्चाई और उस की क्रूरता के साथ ध्यान में रख कर सोचें। यहाँ यह बात दुबारा बताने लायक है कि हिन्दू कोड बिल को डा. अम्बेडकर ने हिन्दुओं के लिए 'सुधारों का सुधार' कहा है। वर्णों और जातियों के टूटने में हिन्दू धर्म का केवल ढाँचा टूटता है, लेकिन इस के प्राणों का चैड़-मैड़ से असली टूटना तब कहा जाएगा जब इस का अटूटता का ब्राह्म-विवाह टूटेगा। इस के लिए आज का कौन हिन्दू लेखक तैयार है? एक या दो के क्या नाम लिए जाएँ, सच्चाई यह है कि एक भी नहीं है। सब प्रेमचन्द के शिष्य बने पड़े हैं। किसी को प्रेमचन्द से आगे आना होता है तो अज्ञेय और जैनेन्द्र के जारसूत्रों में आनन्द लेने लगते हैं। वह स्त्री की गरिमा के लिए और भी ज्यादा खराब और खतरनाक मामला है।

XII

मैं समझता हूँ, मैंने इस लेख में अनिता भारती के सारे प्रश्नों के उत्तर दे दिए हैं, और अब अलग से कुछ कहने की जरूरत नहीं रह गई है। जो सार रूप में कहना है वह यह है कि दलित नारी के साथ गैर-दलितों द्वारा जो विवाह-बाह्य मैथुन होता है वह जारकर्म नहीं होता बल्कि बलात्कार और केवल 'बलात्कार' होता है। जारकर्म का आरोप दलित नारी पर तब लगाया जाए जब वह और उस की कौम स्वतन्त्र हो। जब उस का पति और उस की पूरी कौम गुलाम हो तो वह अपने व्यक्तिगत स्तर पर जमीदार से अकेली क्या और कैसे लड़ लेगी? इसलिए, ऐसे हर जारकर्म में बलात्कार की धमकी छिपी हुई होती है। व्यवस्था गलत हो और कौम कमजोर हो तो दलित नारी को ज्यादा जिम्मेदार नहीं ठहराया जा सकता। आजादी के बिगुल बजाने का यह काम उस से पहले दलित पुरुष को लेना चाहिए। प्रेमचन्द की अन्तिम लिखी कहानी 'कफन' के बाप और बेटे के रूप में चमार पात्रों 'घीसू' और 'माधव' को सन् 1936 से आगे बढ़ कर अब सन् 2005 में बच्चे की पैतृकता की जाँच के लिए डी एन ए आदि के वैज्ञानिक परीक्षणों पर लगी कानूनी रोक को हटवाना चाहिए। बच्चा गाँव के जमीदार का या किसी प्रेमचन्द का निकले तो उस बच्चे को उस बुधिया समेत वे पालें, कोई चमार क्यों पाले?—बच्चे की पहली 'अंगे-अंगे' वे सुनें, चमार क्यों सुनें? इस मामले में सुप्रीम कोर्ट ने अपना निर्णय पहले ही दे रखा है जो उद्धृत किया जा चुका है।

दलित पुरुष और दलित नारी के बीच जो विवाद का मसला है वह इसी गलत कानून की वजह से है। यह कानून बदले तो इन के आपसी सम्बन्ध सुधरेंगे और तब अनिता भारती मेरे पक्ष में लिखेंगी। फिर, किसी सुभाष गाताड़े को अपनी पत्रिका में अलग से उन के लेख छापने की आवश्यकता महसूस नहीं होगी। मुझे मालूम है, तब वे उन के लेखों को बिना धन्यवाद की सम्पादकीय चिट्ठी लगाए वापिस लौटा देंगे।

मैं जानता हूँ, अनिता भारती को मुझ से लड़ने के लिए उकसाया जा रहा है। लेकिन लड़ाई तब होगी जब मैं अनिता भारती से लडूँगा—जो कभी नहीं होना। मैं किसी को ऐसा मौका कभी नहीं देने वाला। यह मेरा उद्देश्य नहीं है। दलित जातियों की नारियों से मैं क्यों लडूँगा? मेरी चाहत यह है कि अनिता भारती मजबूत और शक्तिशाली दलित

नारी के रूप में आगे बढ़ें। प्रेमचन्द की कहानी 'घासवाली' की जो चमारी पात्रा है वह बहुत मजबूत है। वह महावीर की पत्नी है और उस का नाम मुलिया है। युवा ठाकुर चैनसिंह ने उस का हाथ पकड़ लिया था। इस पहली मुठभेड़ में मुलिया ने ठाकुर चैनसिंह से अपना हाथ छुटा लिया था। दूसरी मुठभेड़ में मुलिया ने ठाकुर चैनसिंह से कहा था—"....अगर मेरा आदमी तुम्हारी औरत से इसी तरह बात करता, तो तुम्हें कैसा लगता? तुम उस की गर्दन काटने पर तैयार हो जाते या नहीं? बोलो! क्या समझते हो कि महावीर चमार है तो उस की देह में लहू नहीं है, उसे लज्जा नहीं है, अपनी मर्यादा का विचार नहीं है?....मुझ से दया मांगते हो, इसलिए न कि मैं चमारिन हूँ, नीच जाति की हूँ और नीच जाति की औरत जरा सी धमकी या जरा से लालच से तुम्हारी मुट्ठी में आ जायगी। कितना सस्ता सौदा है। ठाकुर हो न, ऐसा सस्ता सौदा क्यों छोड़ने लगे?"[186] मुलिया ने इस से भी ज्यादा कहा है जो इस प्रकार है—"मेरे आदमी के लिए संसार में जो कुछ हूँ, मैं हूँ। वह किसी दूसरी मेहरिया की ओर आँख उठा कर भी नहीं देखता....मैं चमारिन हो कर भी इतनी नीच नहीं हूँ कि विश्वास का बदला खोट से दूँ।. ...जाओ, अब मुझे कभी न छेड़ना नहीं अच्छा न होगा।"[187]

यदि बुधिया भी जमीदार के बेटे से ऐसा कह देती तो उस की दुर्गति वैसी न होती जैसी प्रेमचन्द ने 'कफन' में कर के दिखाई है। वैसे, प्रेमचन्द की पत्नी अपने पति के बारे में ऐसे बोल नहीं बोल सकती थी जो यहाँ महावीर चमार की पत्नी मुलिया अपने पति के बारे में बोल गई है। शिवरानी को अच्छी तरह पता था कि उस का पति किस घाट का है। इस अन्तर को बताते हुए फ्रेडरिक एंगेल्स ने अपनी पुस्तक 'परिवार, निजी सम्पत्ति और राज्य की उत्पत्ति' में लिखा भी है—"पति-पत्नी के बीच यौन-प्रेम एक नियम के रूप में केवल उत्पीड़ित वर्गों में अर्थात् आजकल केवल सर्वहारा वर्ग में ही, सम्भव हो सकता है, और होता भी है....।"[188] इसलिए कहा जा रहा है कि बुधिया ने जारकर्म नहीं किया था बल्कि उस के साथ बलात्कार हुआ था। फ्रेडरिक एंगेल्स पारिवारिक, सामाजिक और नैतिक तथ्यों को इतिहास के सर्वहारा और बुर्जुवा वर्गों में बाँट कर रखते हैं जो हमेशा जरूरी नहीं है। सदाचार का पालन कानून बना कर कोई भी वर्ग कर सकता है।

एक पते की बात और है। इस कहानी के अन्त में घीसू और माधव दोनों ने निर्गुण गाया है—'ठगिनी क्यों नैना झमकावे! ठगिनी!'[189] लेकिन अब इस निर्गुण को और आगे बढ़ना है। सगुण तो राधा के साथ, कबीर के शब्दों में, 'काम कौ कीरा'[190] के रूप में कृष्ण बन गया है, रैदास और कबीर का निर्गुण ही राधा के बच्चों की पैतृकता की खोज करके दिखाएगा।

लेकिन, फिर भी, अनिता भारती अपने लेख 'अम्बेडकरवादी साहित्य में स्त्री-विमर्श' में पूछती हैं—"सवाल उठता है कि दलित साहित्यकार स्त्री के यौन शोषण या बलात्कार से, सवर्णों के उन पर आधिपत्य से इतने आंतकित क्यों हैं? क्यों बार-बार लेखन का

विषय दलित स्त्री का यौन शोषण बनता है?"[191] बताइए, एक दलित स्त्री सीधी-सी बात नहीं समझ पा रही हैं। उल्टे, सवाल उन्हीं से पूछा जाए कि दलित महिला को दलित साहित्यकारों के ऐसे लेखन से परेशानी क्यों है। क्या यह दलित स्त्री के खिलाफ लेखन है? इस में दलित स्त्री को दलित साहित्यकारों का होंसला बढ़ाना चाहिए। यदि दलित साहित्यकार केवल इसी एक लड़ाई को लड़ना चाहता है तो भी अनिता भारती को क्या आपत्ति है? उसे लड़ने दीजिए। लेकिन उन्हें आपत्ति है जो उन्होंने इन शब्दों में दर्ज की है—"जबकि दलित लेखिकाओं के लेखन का कलेवर अत्यन्त विस्तृत है। वह दलित स्त्री के अस्तित्व से ले कर, न्यूनतम मजदूरी, शिक्षा, उन के अपने समाज द्वारा हड़पे गए अधिकारों तक को उन्होंने अपने साहित्य का विषय बनाया है। दलित स्त्री की केवल और केवल समस्या यौन शोषण ही तो नहीं है।"[192]

बताइए, ये दलित महिला दलित महिला के यौन शोषण को कितने हल्के ढंग से ले रही हैं। बस, इन की तरफ से यही कहने की कमी रह गई है कि द्विज लोग दलित स्त्रियों का यौन शोषण नहीं करते हैं बल्कि उन पर उपकार कर के और उन्हें गर्भवती करके उन्हें सन्तान देते हैं। यदि रोका न जाए तो शायद वे अगली बार ऐसा ही लिखेंगी। क्या अनिता भारती बुधिया बनना चाह रही हैं? मुझे नहीं लगता कि उस बेचारी का कोई दोष था लेकिन अनिता भारती की सोच में निश्चित रूप से भारी खोट है। जब स्त्री का यौन शोषण हो गया तो घर लुट गया है। तब चमारी के गर्भ से जमीदार की औलाद पलेगी। फिर, क्या न्यूनतम मजदूरी का सवाल, और किस के बच्चों के लिए शिक्षा? तब क्या नारी के अधिकार बनते हैं जब पुरुष के पास देने को ही कुछ नहीं बचा है? पुरुष के पास अधिकार हों तभी वह उन्हें स्त्री के साथ बांटे या स्त्री को दे। जिस का घर नहीं है, उस बेघर के क्या अधिकार बनते हैं? वह सामाजिक मृत्यु में जी रहा है। इसे मौत कहते हैं या भिक्षु बनने पर संन्यास।

एक ब्राह्मण एक चमारी की बहुत प्रशंसा कर रहे थे। मैंने अपने एक गैर-दलित अब्राह्मण मित्र से पूछ लिया कि ऐसा कैसे सम्भव है। उस मित्र ने जो उत्तर दिया था वह मेरे कानों में आज तक बज रहा है। उन्होंने कहा था—"आप चमार हो कर नहीं जानते कि ब्राह्मण और चमारी का हजारों साल का याराना है।" उस समय मैं तिलमिला गया था लेकिन अब अनिता भारती की इस बहस से चुप हो गया हूँ। क्या इसीलिए वे जात तोड़ने की इतनी वकालत कर रही हैं? उन्हें पता होना चाहिए कि दलित पुरुषों के द्विजों के गुलाम होने की वजह से सैक्स के मामले में हर दलित स्त्री की जात पहले से ही टूटी हुई है। अनिता भारती दलित पुरुषों से अलग से क्या चाहती हैं? दलित स्त्रियों को रखैल, वेश्या और देवदासी बना कर यौन मामलों में उन की जात पूरी तरह तोड़ दी गई है। इसलिए, ऐसी सोच की स्त्री यदि अपने अधिकारों के लिए लड़ना चाहती है तो गैर-दलितों से लड़े। रखैल के रूप में अधिकार मांगे, वेश्या के रूप में अपने दाम बढ़वाए और देवदासी के रूप में पुजारी की सम्पत्ति में हाथ मारे—यहाँ दलित पुरुष के पास क्या

रखा है? जब दलित की पत्नी जमीदार के रह रही हो और जमीदार से अपने बच्चे पैदा कर रही हो तो दलित पति से मिलने वाले उस के कौन से अधिकार सृजित होते हैं? तब जो भी उस के अधिकार बनते हैं, वे जमीदार की तरफ से बनते हैं। तो, वहाँ लड़े, यहाँ क्या कर रही है? कानून बनवाए कि रखैल को हवेली में अमुक-अमुक अधिकार मिलेंगे। दलित का घर लुट गया, बच्चों की शिक्षा की बात कर रही हैं! जिसके बच्चे हैं, वह जमीदार उन की शिक्षा-दीक्षा का प्रबन्ध करेगा। दलित पुरुष उन्हें स्कूल क्यों भेजेगा? वह उन के लिए फ्राक और बटनों के नैकर क्यों लाएगा? वह दूसरे के बच्चों को अपने हाथ की अंगुली पकड़ा कर मेला दिखाने क्यों ले जाएगा? कम से कम यह गुलामी तो न करवाई जाए कि बच्चे उस के नहीं हैं।

खैर, यहाँ बात प्रेमचन्द पर हो रही है। राजेन्द्र यादव प्रेमचन्द का बहुत सम्मान करते हैं। इस समय वे प्रेमचन्द के 1930 में शुरू किए गए 'हंस' मासिक पत्रिका के संपादक हैं। राजेन्द्र यादव के सम्पादन में 'हंस' का यह 19वां वर्ष चल रहा है। जाना जाए कि वे प्रेमचन्द के बारे में क्या सोचते हैं। वे 'हंस' के अगस्त 2004 के 'सत्ता की शतरंज और दलित मोहरे...' के अपने सम्पादकीय लेख में लिखते हैं—"मैं भी उन महान और दिग्गज रचनाकारों की कालजयी रचनाओं को उतनी ही श्रद्धा और प्रशंसा से देखता हूँ जितना कोई भी प्राध्यापक देखता है।"[193] वे खासमखास प्रेमचन्द पर लिखते हैं—"यह भी हमें नहीं भूलना चाहिए कि अपनी सारी सद्भावना, सरोकार और सहानुभूति के साथ प्रेमचन्द भी उसी वर्ग के थे जिस वर्ग के उन के पाठक या समीक्षक। एक ने लिखा, दूसरे ने सराहा और तीसरे ने उसे कालजयी सिद्ध कर दिया।"[194] इस से भी आगे बढ़ कर राजेन्द्र यादव सीधे प्रेमचन्द की कहानी 'कफन' के बारे में ही पूछते हैं—"मगर सवाल तो उठा ही सकता हूँ कि अगर....घीसू-माधव अपनी कहानियाँ खुद लिखते तो क्या उन के रूप यही होते?"[195]

अब इस समीक्षा-पुस्तक में घीसू-माधव ने अपनी कहानी कह दी है, अनिता भारती बताएँ कि वे कौन-सी बुधिया हैं।

XIII

बात 'अपने अपने प्रेमचन्द' की रह जाती हैं। हाँ, वीरेन्द्र यादव के 'जनसत्ता' में छपे एक लेख का शीर्षक यही हैं। जब बात बरगलानी होती है या जब तर्कों को तथ्यों के आधार पर सिद्ध हो जाने पर भी नहीं माना जाता तो व्यक्ति के हिस्से बाँट लिए जाते हैं। कबीर के साथ 'अपने-अपने कबीर' के शीर्षक के द्वारा ऐसा हो चुका है।

'अपने अपने प्रेमचन्द' के शीर्षक के नुकसानों की तरफ किसी ने ध्यान नहीं दिया। इस का सब से बड़ा नुकसान यह होता है कि इतिहास में कोई स्टैण्ड नहीं लिया जाता। तब, 'अपने-अपने प्रेमचन्द' जैसे शीर्षकों की वजह से जीवन में बहादुरी और शहादत के लिए स्थान नहीं रह जाते। इस का सीधा सम्बन्ध हिन्दुओं के घरों में इन के पर्सनल कानून की ट्रेनिंग से है। इस का दूसरा नुकसान यह होता है कि तब 'प्रेमचन्द' प्रेमचन्द नहीं रह जाते हैं। न वे अच्छे होते हैं और न बुरे होते हैं—और केवल महान बन जाते हैं। यह हिन्दुओं की तकनीक है कि वे अपने महापुरुषों के विचारों का वस्तुनिष्ठ अध्ययन नहीं कर सकते। वे उलटे महापुरुषों पर अपने विचार थोप देते हैं। खैर, यहाँ बात तीसरे नुकसान की है। वीरेन्द्र यादव ने डा. कमल किशोर गोयनका के प्रेमचन्द को कट्टरपंथी रूप में देखा है तथा अपने प्रेमचन्द को प्रगतिशील—अर्थात उदारवादी सिद्ध किया है। पूरी बहस इन्हीं दो बिन्दुओं पर हो कर गुजरी है जिस से कोई सरल रेखा नहीं बनती। उन का मूल मुद्दा 'हिन्दुत्व' का है। सवाल यह उभारा गया है कि प्रेमचन्द हिन्दुत्ववादी थे या हिन्दुत्ववादी नहीं थे।

असल में, वीरेन्द्र यादव ने अपना यह लेख 6 फरवरी, 2005 के 'जनसत्ता' में छपे डा. कमल किशोर गोयनका के एक लेख 'प्रेमचंद का पाठ कुपाठ' के जवाब में लिखा है। ध्यान रहे, यह बात पाँच सौ साल पहले के कबीर के बारे में नहीं हो रही है, बल्कि अभी पिछली शताब्दी में मृत्यु को प्राप्त प्रेमचंद के बारे में है। तब समझा जा सकता है कि पुराणों द्वारा 'शिव' के साथ क्या-क्या गुल खिलाए गए होंगे। खैर, प्रेमचन्द को ले कर वीरेन्द्र यादव डा. कमल किशोर गोयनका के लेख के विरोध में लिखते हैं—"अतः उन्हें गांधीवादी करार दे कर कम्युनिस्ट विरोधी खेमे में खड़ा करना प्रेमचन्द का कुपाठ ही नहीं बल्कि मिथ्या पाठ है।"[196] प्रेमचन्द के एक लेख 'महात्मा जी का व्रत' से

उद्धरण दे कर वीरेन्द्र यादव अपने निष्कर्ष पर आते हैं—"हिन्दुत्व पर इतनी बेलाग टिप्पणी के बावजूद यदि कमल किशोर गोयनका धर्मनिरपेक्ष प्रगतिशील बौद्धिकों और संस्कृतिकर्मियों से यह उम्मीद करते हैं कि प्रेमचन्द के विचारों का हिन्दू संस्थाओं पर हथियार के रूप में इस्तेमाल नहीं किया जाना चाहिए तो यह उन की हिन्दू आस्था का भोलापन ही है।"[197] जान यह भी लिया जाए कि प्रेमचन्द के वे उद्धृत शब्द कौन से हैं। वे इस प्रकार हैं—"हिन्दुत्व अब कहीं नजर आता है, तो गुंडों में जो कभी-कभी हरिजन समाजों में विघ्न डालने की चेष्टा करते हैं, पर मुँह की खाते हैं।"[198]

लेकिन दलित का हिसाब बिलकुल दूसरा है। उस के हिसाब से प्रेमचन्द को ले कर वीरेन्द्र यादव और कमल किशोर गोयनका के बीच यह मूल मुद्दे पर बात नहीं हो रही है। मूल मुद्दा तब भी नहीं मिल रहा है जब इन्द्रनाथ मदान को दिए गए एक साक्षात्कार में प्रेमचन्द कह रहे हैं—"मैं आमूल-चूल परिवर्तन चाहता हूँ, लेकिन विध्वंस नहीं।"[199] और, असली मुद्दा तब भी हाथ नहीं आ रहा है जब 'गोदान' के एक पात्र मेहता दूसरे पात्र रायसाहब से कहते हैं—"मैं तो केवल इतना जानता हूँ हम या तो साम्यवादी हैं या नहीं हैं। हैं तो उस का व्यवहार करें, नहीं हैं तो बकना छोड़ दें। मैं नकली जिन्दगी का विरोधी हूँ।"[200] इस के बाद वीरेन्द्र यादव अपनी व्यंग्यपूर्ण टिप्पणी लिखते हैं—"यदि गोयनका जी की राय में गोदान के रायसाहब हिन्दुस्तानी कम्युनिस्टों के प्रतिरूप हैं तो उन के इस भगवा निष्कर्ष पर क्या टिप्पणी की जाए।"[201]

यहाँ दलित चिन्तन की कुल दो बातें उभरती हैं जो सामने रखी जा सकती हैं। पहली यह कि दलित चिन्तन ऐसा नहीं मानता है कि प्रेमचन्द के रूप में हिन्दू चिन्तन को पता नहीं है कि वह क्या कह या लिख रहा है। प्रेमचन्द को दलितों के होने वाले हर तरह के शोषण का सारा पता है। जब प्रेमचन्द स्वयं एक जार व्यक्ति हैं तो वे जारकर्म की हर बात जानते हैं। कहना यह है कि हर बात जानते हुए वे जारकर्म करते हैं। इसी मानसिकता को कविता के शब्द देते हुए दरशाया गया है जब गाया गया है—"जानै है मानै नहीं, यही अचम्भा मोय।" दूसरी बात यह है कि प्रेमचन्द कम्युनिस्ट हैं या भगवावादी हैं, अपने पर्सनल कानून में वे दोनों तरफ से जारकर्मी हैं। इस से क्या फर्क पड़ता है कि एक हिन्दू उदारवादी है या कट्टरपंथी है जब उस का पर्सनल कानून उस के व्यभिचार की अटूटता का है? यदि पर्सनल कानून में फर्क नहीं पड़ता है तो वीरेन्द्र यादव की डा. कमल किशोर गोयनका से यह केवल नूरा-कुश्ती ठहरती है। तब उदारवाद और कट्टरपंथ में कहने को गर्म संवाद होता है तो होने दो,—क्योंकि दलित की बहू-बेटी की इज्जत को दोनों मिटाने में लगे हुए हैं। ऐसी हजार बहसें हों, दलित को क्या फायदा? वे सब फर्जी ठहरती हैं।

कोई व्यक्ति हिन्दू है तो उस का कानून उसे उस के जारकर्म की कोई सजा नहीं देता है। प्रेमचन्द हिन्दुत्व पर आक्रमण करते तब दीखते जब हिन्दू कानून के जारकर्म पर आक्रमण करते। इसलिए, व्यक्तिगत जीवन में जारकर्म का अभ्यास करने वाले

लेखक को हिन्दुत्व का विरोधी कैसे कहा जा सकता है? तभी कहा जा रहा है कि पर्सनल कानून को दो फाड़ न करते ये मार्क्सवादी होने के और कट्टरपंथी भगवा होने के हिन्दुओं के भेद दूसरों को धोखा देने के हैं। दलित की बहू-बेटियों की इज्जत के मामले में हिन्दुओं की इन नूरा कुश्तियों के कोई मायने नहीं हैं। यही होता है, मार्क्सवादी हिन्दू वेदान्त के अद्वैत और विशिष्ट अद्वैत पर बहस करने को तैयार है लेकिन जारकर्म का मुद्दा आने पर बहस से भाग जाता है। तब उस का मजा किरकिरा हो जाता है और हमारे हाथ में उस भागते हुए की पूंछ भी नहीं आती। तब वह पूरा और साबुत हिन्दू होता है। इसलिए, दलित चिन्तक केवल उस जगह को देखता है जब उदारवादी और कट्टरपंथी के भेद मिटा कर दोनों प्रकार के हिन्दू अपने पर्सनल कानून में एक होते हैं—जो उन के जारकर्म का तीन हजार साल से चला आ रहा पुराना सिलसिला है—और कभी थमने को नहीं आता। थमता इसलिए नहीं है क्योंकि इन्होंने अपने देवताओं और भगवानों के भी उन के जार और बलात्कारी रूप में ही गुणगान किए हैं। इन्होंने नैतिकता के मुँह को पत्थर की शिला से ढक दिया है जो अपने से बड़े किसी भगवान में विश्वास करने से खुला करता है। इन्हें कौन सुधार देगा क्योंकि इन्होंने अपने भगवान की भक्ति करने का ऐसा रास्ता निकाल रखा है जिस में सुधरने की सारी संभावनाएँ समाप्त हो जाती हैं?

अंशुमाली रस्तोगी ने अपने लेख 'प्रेमचन्द का हिन्दूवादी पाठ' में लिख दिया है—"...प्रेमचन्द वर्णव्यवस्था और तमाम सामन्ती प्रवृत्तियों के विरुद्ध थे।"[202] बताइए, रखैल रखने वाले सामन्त को सामन्ती प्रवृत्तियों का विरोधी बताया जा रहा है! सीधे आँखों में धूल झोंकी जा रही है। कौन दलित उन की इस बात को मान लेगा? वर्ण-व्यवस्था के विरुद्ध होने में हिन्दुओं के पर्सनल कानून के विरुद्ध होना भी शामिल था—पर क्या वे एक बार भी ऐसा सोच सके? सामन्त के विरोधी भी घोषित हो गए और रखैल भी रख ली—अंशुमाली रस्तोगी ने क्या बढ़िया मिलान बिठाया है! यह सारा सुधार और पूरी क्रान्ति फर्जी है। इसलिए, 'प्रेमचन्द का हिन्दूवादी पाठ' से डर क्यों लगता है, जब प्रेमचन्द तगड़ी पहने हुए सौ प्रतिशत हिन्दू थे? उधर, के बिक्रम सिंह ने अपने लेख 'प्रेमचन्द की याद में' यह बड़े गर्व से लिखा है कि 'धनपत राय यानी प्रेमचन्द ने जब दूसरी शादी की तो एक बाल विधवा को उन्होंने अपना जीवन साथी बनाया।'[203] लेकिन दलित की दृष्टि से उस विवाह में यही तो कमी थी कि प्रेमचन्द ने 'बाल विधवा' से शादी की थी। सवाल यह है—क्या वे 'बाल विधवा' के बजाय 'क्षता विधवा' से शादी कर सकते थे? दलित का उत्तर है—एकदम नहीं। और भी पूछा जा सकता है—क्या वे किसी तलाकशुदा स्त्री से शादी कर सकते थे? मेरा उत्तर है—प्रेमचन्द तो प्रेमचन्द, प्रेमचन्द की रूह भी ऐसा नहीं कर सकती थी। सवाल सीधा दागा जा सकता है—"उन्होंने उस स्त्री से शादी क्यों नहीं की जो उन्होंने उन दिनों, और उन दिनों के बाद भी, रखैल के रूप में रख रखी थी?" तब वह क्रान्ति भी होती और सच्चाई भी होती। इसलिए, प्रेमचन्द

का अपराध यह भी है कि उन्होंने बाल विधवा के साथ पति के रूप में यौन-निष्ठा नहीं निभाई।

वीरेन्द्र यादव 'तद्भव' में छपे अपने लेख 'कुपाठ और विरोध के शोर में प्रेमचन्द' में बताते हैं कि मुद्राराक्षस के उपन्यास 'दंडविधान' (पृ.-21) में दलित जातियों का उल्लेख इन शब्दों में हुआ है–"कौन नहीं पकड़ता है चमारटोली की औरत ऐ? सतीश कि राघव कि इंदर कि तुम। भंगी चमार साला किस की औरत किस ने छोड़ी है ऐं?"[204] क्या इस सुभाषित पर अनिता भारती की टिप्पणी की इन्तजार की जाए या आगे बढ़ा जाए? जो खुद एक पार्टी हैं वे इस में क्या बोलेंगी? लेकिन दलित पुरुष को इस सुभाषित में अपनी बेकद्री का अहसास हो रहा है। अगली गवाही खुद प्रेमचन्द की है जो वीरेन्द्र यादव ने दर्ज की है। प्रेमचन्द के वे शब्द इस प्रकार हैं–"ब्राह्मणों के घरों में चमारियां हैं, फिर भी उन के ब्राह्मणत्व में बाधा नहीं आती, किन्तु अछूत नित्य स्नान करता हो, कितना ही आचारवान हो, वह मन्दिर में नहीं जा सकता।"[205] इसलिए, पूछना यह है कि यदि चमारी अपने चमार को सम्मान नहीं दिलवा सकती तो वह ब्राह्मण के घर में क्यों रह रही है। क्या इस प्रश्न का उत्तर अनिता भारती देना चाहेंगी? लगता है, यहाँ प्रेमचन्द ने उन्हें बोलने लायक ही नहीं छोड़ा है। देखिए, गैर-दलित लेखकों में चमारियों और भंगनों को भोगने का डंके की चोट पर ऐलान मचा हुआ है, और इधर एक दलित नारी दलित लेखकों से यह पूछने पर लगी हुई हैं कि तुम्हारी खास समस्या यही क्यों है। सच्चाई यह है कि गैर-जातों के पुरुषों द्वारा दलित स्त्रियों का यौन-शोषण दलित जातियों की दासता की तीव्रता नापने का बैरोमीटर है। जिस दिन दलित स्त्रियों का गैर-जातों द्वारा यौन-शोषण रुक जाएगा, उस दिन यह घोषणा कर दी जाएगी कि अब दलित जातियाँ दासता से पूर्णतया मुक्त हो गई हैं। रोटी बहुत जरूरी है पर थुलथुल सूअर की रोटी तो नहीं।

जी हाँ, गरिमा सर्वांग होती है। इसे हिस्सों में नहीं बाँटा जा सकता। रोटी की गारन्टी दे कर किसी की इज्जत नहीं छीनी जा सकती। दलित चिन्तक अपने पूर्ण विकास में है। रोटी मिलती है तो इज्जत की रक्षा की लड़ाई ज्यादा अच्छी तरह से लड़ी जा सकती है। गरीब की बहू सब की भाभी क्यों बन जाती है? यदि दलित ने अपने चिन्तन को आकार नहीं दिया है तो इस का मतलब यह नहीं है कि उस के इतिहास में तारतम्य नहीं है। जब वह भूखा होता है, तब भी, और जब वह भूखा नहीं होता, तब भी, उसे अपनी गरिमा का अहसास रहता है। दलित लेखक इसी बात को अपने लेखन में व्यक्त कर रहे हैं। यह दलित चिन्तन की खास समस्या है। इसी चिन्तन को अभिव्यक्ति देते हुए ओम प्रकाश वाल्मीकि ने अपने व्याख्यान में सही कहा है–"रोटी की लड़ाई हमारी मौलिक लड़ाई नहीं है। रोटी तो हम मेहनत-मजदूरी करके कमा ही रहे हैं। हमारी लड़ाई अपनी अस्मिता और स्वाभिमान की लड़ाई है। हमारी जिम्मेदारियों में दलित भी हैं और स्त्री भी।"[206] एक अन्य मैगजीन में यह रिपोर्ट ज्यादा तफसील से छपी

है जो इस प्रकार है—“हमें सिर्फ रोटी नहीं बल्कि वह अस्मिता चाहिए जिसे अपने पैरों तले कुचल दिया और हमारे अस्तित्व को मिटा दिया, हमारी हजारों पीढ़ियों को नेस्तनाबूत कर दिया, बर्बाद कर दिया, हमें वह अस्मिता वापिस चाहिए। हमारी लड़ाई सिर्फ आर्थिक नहीं है क्योंकि रोटी तो हम कमा कर खाते ही रहे हैं—चाहे वह एक ही रोटी क्यों न हो—भले हम भूखे ही रहे हों। रोटी से पहले हमें अपना स्वाभिमान चाहिए और दलित साहित्य स्वाभिमान की लड़ाई है। ऐसा नहीं है कि हमें अर्थ नहीं चाहिए। हमें तो सत्ता भी चाहिए परन्तु इन सब से पहले हमारी प्राथमिकता हमारा स्वाभिमान है जो हमें वापिस चाहिए और दलित साहित्य इसी स्वाभिमान की लड़ाई है।”[207]

कानून के स्तर पर स्वाभिमान की यह बात डा. अम्बेडकर से शुरू होती है। भारत के संविधान ने अपनी 'उद्देशिका' में इसे 'व्यक्ति की गरिमा'[208] कहा है। इसी से मनुष्य गौरवान्वित होता है। इसी की प्राप्ति के लिए संविधान में अनुच्छेद 17 रखा गया है जो इस प्रकार है—“अस्पृश्यता का अन्त—“अस्पृश्यता” का अन्त किया जाता है और उस का किसी भी रूप में आचरण निषिद्ध किया जाता है। “अस्पृश्यता” से उपजी किसी निर्योग्यता को लागू करना अपराध होगा जो विधि के अनुसार दंडनीय होगा।”[209] यह ठीक है कि प्रेमचन्द की गवाही पर ब्राह्मण चमारी से अस्पृश्यता नहीं बरतता है, तो क्या इसी वजह से चमारी संविधान के इस अनुच्छेद को फेल करेगी? क्या वह दलित पुरुष की इस लड़ाई में उस का साथ नहीं देगी कि ब्राह्मण दलित पुरुष से छुआछूत बरतता है? ब्राह्मण ने यह दोगली चाल क्यों चल रखी है कि वह चमारी से छुआछूत नहीं बरतता है लेकिन चमार से छुआछूत बरतता है? उसे चमारी और चमार—दोनों के मामले में एक-सा रहना चाहिए। चमारी का चाम चूम कर उस ने दलितों के घर दोफाड़ क्यों कर रखे हैं? अनिता भारती की आवाज का सुर बदला-बदला-सा क्यों है? इस लड़ाई में वे दलित पुरुष का साथ क्यों नहीं दे रही हैं? कारण वही है कि दलितों के घरों में आग लगी हुई है। तभी कबीर ने बहुत सशक्त शब्दों में कहा था :

नारी कहावै पीव की, रहै और संग सोय।
जार सदा मन में बसै, खसम खुशी क्यों होय।।[210]

कबीर प्रेमचन्द जैसे व्यक्तियों के बारे में भी कहते हैं :

चोवा चन्दन लाय के, पहिरे बसन बनाय।
गलियारे झांखत फिरे, परत्रिया देख मुस्काय।।[211]

असल में, प्रेमचन्द कबीर के सामने एक 'हिन्दू बच्चा' ही ठहरते हैं। यह जवाब सांग में रंगाचार का है कि हिन्दू कानून मनुष्य को अनिवार्य रूप से जार बनाता है। शराब के बदले यह सारी नुमाइश जारकर्म-की-सी है। अपने हिन्दू कोड बिल के छूमन्तर द्वारा डा. अम्बेडकर इन्हें सुधारने चले थे—एक असम्भव और अकल्पनीय काम! तो, कहा जाए कि यह सुखद है कि डा. नामवर सिंह ने 'कफ़न' कहानी को कबीर के दुख से जोड़ कर देखा है। उन्होंने अपने लेख 'कबीर का दुख' की शुरूआत इन शब्दों से की

है–"कबीर के दुख से मेरा 'परिचय' हुआ प्रेमचन्द की कहानी 'कफ़न' में। परिचय कराया घीसू और माधव ने। इन दोनों के परिचय के लिए फिलहाल इतना ही काफी है कि वे जाति के चमार हैं जिन्हें अब 'दलित' कहा जाता है। घर में मिट्टी के दो-चार बर्तनों के सिवा कोई सम्पत्ति नहीं। फटे चीथड़ों से अपनी नग्नता ढांके हुए जिए जाते हैं। झोपड़ी में बहू मरी पड़ी है और बाप-बेटे दोनों कफ़न के पैसों से कलवरिया में दारू उड़ा रहे हैं। नशे में भी बहू की वह लाश दखल देती है। बेटा रोने लगता है तो बाप समझाता है : 'रोता क्यों है बेटा, खुश हो कि वह मायाजाल से मुक्त हो गई। बड़ी भाग्यवान थी, जो इतनी जल्द मोहमाया के बन्धन तोड़ दिए।' और दोनों खड़े हो कर नाचने और गाने लगते हैं : **ठगिनी क्यों नैना झमकावै, ठगिनी**!"[212]

सारी बात ठीक है, लेकिन लगता है, यहाँ 'कफन' कहानी पर अपनी टिप्पणी करते हुए डा. नामवर सिंह कबीर के दुख की 'ए बी सी डी' खोले बिना 'एक्स वाई जैड' पर पहुँच गए हैं। इस में वर्णमाला पूरी नहीं होती। बीच में बहुत सारा था जो रहस्य बन कर रह गया था। दलित जीवन के उस पक्ष से पर्दा खोले बिना आगे सरपट दौड़ना ठीक नहीं है। ठोकर भले न लगे पर फिसलना जरूर हो जाता है। यह डर बराबर बना रहता है कि कबीर के घर जाए बिना आस-पास से गुजरने को सन्तुष्टि मान लिया जाए। भ्रम न रहे, इसलिए इस आलोचना की पुस्तक में मैंने वर्णमाला की वह 'ए बी सी डी' खोल दी है। फिर, ऐसी समस्याओं से निपटने के हर समाज के अपने-अपने ढंग होते हैं। इस्लाम में व्यभिचारी स्त्री को पत्थरों से मार दिया जाता है। यदि भीड़ में उस पत्थर लगती हुई औरत के प्रति कोई व्यक्ति सहानुभूति दिखाने लगे तो उसे अच्छा नहीं माना जाता। जो पुरुष व्यभिचारी होता है उसे सौ कोड़े मारे जाते हैं। उस के प्रति भी यदि कोई हमदर्दी दिखाता है या गमगीन होता है तो लोग उस का बुरा मानते हैं। फिर, चमारी होने की वजह से यहाँ बुधिया के साथ बलात्कार हुआ है। इसलिए, घीसू और माधव ने अपना रोष इसी रूप में प्रकट किया है कि अपना निर्गुण गा दिया है, जहाँ निर्गुण गाने का मतलब अपराधों पर कहर से है।

XIV

डा. योगेन्द्र का एक लेख 'प्रेमचंद ऐसे ही हैं' दैनिक हिन्दुस्तान के 21 मई, 2005 के अंक में छपा है। उन्हें प्रेमचन्द की बड़ाई करनी थी तो करते लेकन वे कुछ और भी कर बैठे हैं। वे उस लेख में दलित लेखकों के खिलाफ लिखते हैं–"प्रेमचंद समस्या से मुख मोड़ने वाले साहित्यकार नहीं हैं। उन पर चाहे स्वानुभूति का ठप्पा लगाया जाए या सहानुभूति का, बावजूद इस के उन के विचार अब भी सामाजिक समता की स्थापना के लिए महत्वपूर्ण हैं। जो बुद्धिजीवी 'स्वानुभूति' का ठेका ले कर चीख चिल्ला रहे हैं, वे अपने ही वर्ग की स्त्रियों को नहीं समझ पा रहे।"[213]

जाने डा. योगेन्द्र ने यह क्या लिख दिया! उन्होंने किस दलित लेखक को कहाँ स्त्री-विरोधी देख लिया? वे गलतफहमी के शिकार हैं या गलतफहमी पैदा कर रहे हैं? ऐसा कहने का उन का आधार क्या है कि दलित लेखक अपने वर्ग की स्त्रियों की भावनाओं को नहीं समझ पा रहे हैं? दलितों में एक भी ऐसा पुरुष लेखक नहीं है जो स्त्रियों के प्रति अपने मन में सम्मान और प्रेमभाव से न भरा हो। स्त्री-विरोधी होना उन की परम्परा में नहीं है। दलितों की परम्परा उस पुरुष को अच्छा नहीं मानती जो स्त्री का अनादर करता है।

शायद उन का इशारा मेरे लेखों की तरफ है। लगता है, कुछ लोग मेरे लेखों को जानबूझ कर समझना नहीं चाहते। वे लोग सच्चाई को बरगला रहे हैं। वे समझना नहीं चाहते कि स्त्री-विरोधी कौन होता है। सन्यासी और बलात्कारी लोग स्त्री-विरोधी होते हैं तथा वे लोग भी स्त्री-विरोधी होते हैं जो व्यभिचार का प्रचार करते हैं। जो चिन्तन संन्यास, बलात्कार और व्यभिचार का विरोध करता है वह स्त्री-विरोधी कैसे मान लिया जाएगा? भला, भारत की संसद ने वेश्यावृत्ति के खिलाफ कानून बनाया है तो क्या भारतीय संसद नारी-विरोधी कही जाएगी? लगता है, सोचने का सारा ढंग ही गलत हो गया है। वास्तव में, स्त्रियों को ले कर दलित लेखकों की चीख-चिल्लाहट इसलिए मची हुई है क्योंकि प्रेमचंद रखैल रखने की चाल से बाज नहीं आ रहे हैं।

डा. योगेन्द्र ने अपने लेख में प्रेमचन्द के माध्यम से राष्ट्रीयता की आधी-अधूरी और लंगड़ी-लूली परिभाषा रख दी है। वे प्रेमचन्द के बारे में लिखते हैं–"वे अन्ततः इस

बिन्दु पर आ पहुँचे थे–'राष्ट्रीयता की पहली शर्त वर्ण व्यवस्था, ऊँच-नीच के भेद और धार्मिक पाखंड की जड़ खोदना है।'"[214] लेकिन प्रेमचन्द राष्ट्रीयता की जड़ को ही उखाड़ रहे हैं जब वे अपने जीवन में रखैल रख कर जारकर्म की पूंछ को लम्बी बढ़ा रहे हैं। जिन की बेटी, पत्नी या माँ को वे रखैल बना कर रख रहे हैं, उन के लिए राष्ट्रीयता की आखरी शर्त क्या होगी? डा. योगेन्द्र ने लिखा है–"प्रेमचन्द खुद को परिमार्जित करते रहे।"[215] लेकिन उन के इस विकसित होते परिमार्जन के भरोसे कौन रहे जब जारकर्म के मामले में उन से यह परिमार्जन कभी नहीं हो सका? क्या तीन हजार साल की बुढ़िया संस्कृति एक-एक व्यक्ति के मामले में परिमार्जित होनी है? खुर्राट चिन्तन के प्रयोग अभी खत्म क्यों नहीं हुए हैं?

डा. योगेन्द्र की अपने लेख में सब से बड़ी बेचैनी उन के इन शब्दों में प्रकट हुई है–"प्रेमचंद को अगर 'सहानुभूति' वाले खेमे में भी तथाकथित 'स्वानुभूति' वाले चिन्तक रखना चाहें, तो रखें, मगर अपने अनुभवों से उन्होंने सीखा था कि हर-हाल में जाति प्रथा की जड़ खोदनी होगी, मगर आश्चर्य है कि जिन्होंने जातिवाद का दंश झेला है और 'स्वानुभूति' का डंका पीट रहे हैं, वैसे साहित्यकार समूह जातिप्रथा तोड़ने के बजाए 'स्वायत्त और निजी संस्थाओं' में दलितों की भागीदारी की पैरवी कर रहे हैं।"[216] जाने उन्हें बैठे-बिठाए दलितों के इस चिन्तन से क्या परेशानी हो गई है? इस मांग में कुछ भी गलत नहीं है। स्वतन्त्र भारत के संविधान के माध्यम से देश में राज्यों का गणतन्त्र खड़ा किया ही गया है, इस में जातियों का गणतन्त्र भी जुड़ रहा है तो कुछ भी बुराई नहीं है। लेकिन डा. योगेन्द्र डा. श्यौराज सिंह 'बेचैन' को उद्धृत करते हुए दलितों के इस चिन्तन में खामियाँ गिनाते हैं। वे लिखते हैं–"अगस्त 2004 के 'हंस' के अतिथि सम्पादक और स्वानुभूति चिन्तक श्यौराज सिंह बेचैन लिखते हैं–'मेरा मत है कि दलित लेखकों को जाति तोड़ने के प्रश्न पर अभी अधिक ऊर्जा नहीं खपानी चाहिए। बल्कि उन्हें स्वायत्त/निजी संस्थाओं में प्रतिनिधित्व के लिए संघर्ष करना चाहिए। जातिवार प्रतिनिधित्व की संख्या बढ़ने पर केवल ब्राह्मणों के लिए ही जाति लाभकारी व्यवस्था नहीं रहेगी।'"[217] डा. योगेन्द्र आगे अपनी बात लिखते हैं–"ऐसे चिन्तकों को दलितों के लिए मात्र एक लाभकारी व्यवस्था चाहिए। यह इसलिए कि उन्हें भी जातिप्रथा का लाभ मिलने लगा है। दलितों के लिए अगर 'जातिप्रथा' लाभकारी हो जाए, तो वह सही है। यह एक ब्राह्मणवादी दृष्टि है। कह सकते हैं कि यह दलितों का ब्राह्मणवाद है। वे इसीलिए अपने एक धर्म की तलाश में हैं जो ब्राह्मण धर्म की तरह ही उन्हें लाभ पहुँचाए। जाहिर है प्रेमचंद ऐसी दृष्टि के पक्षधर नहीं थे।"[218] ऐसी स्थिति में, डा. योगेन्द्र अपने प्रेमचन्द को कहीं भी लिए फिरें, लेकिन दलितों में उन की दाल नहीं गलनी। तभी कहा जा रहा है कि दलितों के बीच प्रेमचन्द का कोई मोल नहीं है। जो चिन्तन संसद में, सरकार में, स्थानीय पंचायतों और निगमों में, स्वायत्त निकायों में और निजी संस्थानों में दलितों के प्रतिनिधित्व और उन की हिस्सेदारी के खिलाफ हो, दलितों की ऐसी

न्यायपूर्ण मांगों से मुँह बिचकाता हो, उसे दलित लेखक साहित्य के क्षेत्र में अपना नेतृत्व कैसे दे देंगे—फिर चाहे वह प्रेमचन्द हों या प्रेमचन्द का कोई अनुयायी डा. योगेन्द्र? बताइए, दलित लोग यदि धर्म से फायदा उठाना चाहते हैं तो इस से भी डा. योगेन्द्र को गुरेज हो रही है। धर्मान्तरण या धर्म की खोज भारत के प्रत्येक नागरिक का संविधानप्रदत्त अधिकार है। धार्मिक होना राष्ट्र-विरोधी होना नहीं है—तब दलितों की ऐसी सोच की मजाक क्यों उड़ाई जा रही है? दलित व्यक्ति धर्मान्तरण करे या धर्म की खोज करे—इस में वह किसी हिन्दू का क्या बिगाड़ रहा है? इस में डा. योगेन्द्र को 'दृष्टि की कमियाँ' कहाँ से दीख गईं जो दलित चिन्तक उन का विश्लेषण करेंगे? यदि दलित व्यक्ति सोच के स्तर पर अपनी मदद आप करता है तो इस में राष्ट्र का भला अपने आप कैसे निहित नहीं है? उन्हें मालूम नहीं कि आत्म-निर्भर व्यक्ति ही राष्ट्र की मजबूती होते हैं।

इसलिए, यदि प्रेमचन्द या उन के अनुयायियों के पास दलित की समस्या का कोई संस्थागत हल नहीं है तो वे 'कथनी बनाम करनी' के अन्तर को हवा देते हैं। कुछ भी कीजिए, दलितों के पक्ष में बोलने के बजाय उन के हितों में संस्थाएँ खड़ी कीजिए। चूँकि हिन्दू मन में छुआछूत की सर्वव्यापकता बनी हुई है, इसलिए उसे तोड़ने के लिए जीवन और समाज के हर स्तर पर संस्थाएँ खड़ी कीजिए। यदि अस्पृश्यता हिन्दुओं की लाखों संस्थाओं में पैठी हुई है तो उसे बाहर करने के लिए समानान्तर स्तर पर लाखों संस्थाएँ खड़ी कीजिए। बिना संस्थागत प्रयत्न किए अनुयायियों की, प्रेमचन्द की और उन की इस भाषणबाजी और लेखबाजी के क्या मायने हैं कि 'हर हाल में जातिप्रथा की जड़ खोदनी होगी...।'[219] यह जड़ क्या अपने आप खुद जाएगी? वेद और वेदान्त के द्वारा तीन हजार सालों से तो अभी खुदी नहीं है। ये हिन्दू इस समस्या को हजारों सालों से अपनी गोद में सजाए लिए बैठे हैं। इन्हें चिन्ता नहीं है क्योंकि इस से इन का कोई नुकसान नहीं हो रहा है। जिन का नुकसान हो रहा है, वे पराए लोग हैं, वे गैर लोग हैं, वे दलित हैं।

जाति प्रथा नुकसानदायक चीज है तो इस के नुकसान सब में बँटने दो, यह अपने आप खत्म हो जाएगी—या डा. अम्बेडकर के मत में हिन्दू कौम खत्म हो जाएगी। बात खत्म, धर्मान्तरण हो जाएगा या कोई नया धर्म खड़ा हो जाएगा। लेकिन प्रेमचन्द को हिन्दू धर्म से ऐसा मोह क्या है कि वे हिन्दू ही बने रहेंगे? डा. अम्बेडकर ने अपने हिन्दू होते रहने को छोड़ दिया था। सवाल है, क्या प्रेमचन्द ऐसा कर सके या कर सकते थे? यदि नहीं, जो सच है, तो वे दलितों से बहुत दूर के व्यक्ति हैं।

इधर राज किशोर के लेख 'प्रेमचंद के हमीद की स्मृति में' से पता चलता है कि इस वर्ष प्रेमचन्द की 125वीं जयन्ती मनाई जा रही है। दलित चिन्तक को इस से कोई एतराज नहीं है। संविधान और सरकार के स्तर पर यह देश 'सामासिक संस्कृति'[220] का देश है। सरकारी पैसे पर सब का बराबर का हक है। राज किशोर ने अपने लेख में यह बात भी सही कही है—"लेकिन सारा जोर सरकारी कार्यक्रम पर नहीं होना चाहिए।

निजी तथा सहकारी उद्योग भी होना चाहिए।"[221] मसलन, उन्होंने दिल्ली में 'हंस' के वर्तमान सम्पादक को सलाह दी है कि '125वें साल में वे चार-पांच कार्यक्रम कर सकते हैं।'[222] उन्होंने इस सलाह देने के दायरे को और भी बढ़ाते हुए लिखा है–"फिर लेखकों के इतने संगठन हैं, यानी साहित्यिक संस्थाएँ हैं, इतनी अकादमियाँ हैं, इतने ट्रस्ट हैं, इतनी प्रतिष्ठित साहित्यिक पत्रिकाएं हैं–इन्हें भी प्रेमचंद पर श्रद्धा-सुमन चढ़ाने की स्वस्थ प्रतिद्वंद्विता में अपने को रजिस्टर क्यों नहीं कराना चाहिए?"[223] खुद राज किशोर ने अपने इस लेख के द्वारा प्रेमचन्द की 125वीं जयन्ती मनाने का श्रीगणेश करते हुए अपने श्रद्धा-सुमन इन शब्दों में अर्पित किए हैं–"हे लमही के सपूत, हम तुम्हारे सामने अभी बार-बार लज्जित होंगे।"[224]

यह राज किशोर की बात हो गई। वे प्रेमचन्द की 125वीं जयन्ती को खुद लज्जित हो-हो कर धूमधाम से मनाएँ लेकिन दलित चिन्तक की बात दूसरी है। वह भारत की सामासिक संस्कृति का एक दूसरा महत्वपूर्ण अंग है। उस हिसाब में दलित चिन्तक के सामने प्रेमचन्द खुद लज्जित खड़े हैं। अलग से कहने की जरूरत नहीं है, अपनी पत्नी के सामने वे लज्जित हुए ही हैं। तब दलित चिन्तक प्रेमचन्द की जयन्ती कैसे मनाएंगे, क्योंकि उन के महापुरुष बाबा साहेब डा. अम्बेडकर ने उन्हें हिन्दू प्रेमचन्द के भगवान कृष्ण की जयन्ती मनाने से भी मना किया है?

क्रिस्टोफ जेफरलोट ने अपनी पुस्तक 'डा. अम्बेडकर एण्ड अनटचेबिलिटी : एनालाइजिंग एण्ड फाइटिंग कास्ट' में सन् 1951 में हिन्दू कोड बिल पर डा. अम्बेडकर के भाषण के बारे में लिखा है–"चार दिनों की बहस के बाद, डा. अम्बेडकर ने एक आवेशपूर्ण भाषण दिया जिस में उन्होंने बताया कि कृष्ण और राधा के विवाहेतर सम्बन्ध उस अधोगति के सबूत हैं जिस में हिन्दू धर्म ने अपनी स्त्रियों को ढकेला है।"[225] रीबा सोम ने भी अपने शोध लेख 'जवाहर लाल नेहरू एण्ड दि हिन्दू कोड : ए विक्टरी आफ सिम्बल ओवर सब्स्टांस?' में इस बात को इन शब्दों में दर्ज किया है–"उन्होंने (डाक्टर अम्बेडकर ने) कृष्ण के राधा से अवैध सम्बन्धों की भर्त्सना की।"[226]

अच्छा होगा, यहाँ इस विषय पर डा. अम्बेडकर के पूरे विचार जान लिए जाएँ। वे अपने लेख 'द रिडल आफ रामा एण्ड कृष्णा' में लिखते हैं–"कृष्ण की सभी अनैतिकताओं में सर्वाधिक आपत्तिजनक है उस का राधा नाम की गोपी से सम्बन्ध।"[227] वे आगे लिखते हैं–"कृष्ण...दूसरे आदमी की पत्नी राधा के साथ पति-पत्नी के रूप में रहते हैं। कृष्ण को इस के लिए कोई अनुताप या पश्चाताप भी नहीं होता।"[228] वे कृष्ण की रासलीला के बारे में लिखते हैं–"...जब विष्णु पुराण इन की चर्चा करता है तो वह बहुत कर के अश्लीलता की सीमा को नहीं छूता। हरिवंश स्पष्ट तौर पर अश्लीलता की ओर कदम बढ़ाए है और भागवत ने तो सारी मर्यादा को ताक पर उठा कर रख दिया है और वह तो अश्लीलता में ही मग्न है।"[229] डा. अम्बेडकर ने आगे लिखा है–"राधा से कृष्ण के कामुकता भरे चरित्र का चित्रण ब्रह्म वैवर्त पुराण ने किया है।"[230] ब्रह्म वैवर्त

पुराण के वे सम्बन्धित श्लोक यहाँ उतारने से मैं रुक रहा हूँ क्योंकि उस पुराण की वजह से मैं अपनी अच्छी-भली इस किताब को गन्दी नहीं होने दूँगा।

इस सन्दर्भ में प्रेमचन्द क्या ठहरते हैं? यही कहा जा सकता है कि रखैल रखने के कारण अनुकरण में वे एक 'प्रैक्टिसिंग कृष्ण' थे। इसी बल पर कहा जा रहा है कि हाथियों का भगवान हाथी जैसा होता है और चींटियों का भगवान चींटी जैसा। इसी वजह से सदाचारियों और व्यभिचारियों के अध्यात्म और भगवान भी जुदा-जुदा होते हैं। दलित चिन्तक वेश्या को उस की देवी समेत तथा जार पुरुष को उस के देवता समेत नकारता है। उन के देवी और देवता भी वैसे ही होते हैं जैसे वे खुद होते हैं। चोर चोरी करने के लिए 'जानी चोर' को सुमर के चलता है। तब क्या उसे भक्ति कहा जाए? विवाहेतरों की भक्ति कैसी होगी? तभी कबीर ने आवाज लगाई है—"भक्ति बिगारी कामियाँ।"[231] इन कामियों ने भक्ति को बिगाड़ कर रख दिया है। कृष्ण के बारे में कबीर ने कहा ही है—"वह भयौ काम कौ कीरा।"[232]

XV

अब इस बहस का 'सम अप' किया जा सकता है। बात हिन्दी साहित्य में प्रेमचन्द की परम्परा की है। मेरी जानकारी में कोई हिन्दू लेखक ऐसा नहीं है जो वैवाहिक मामलों में तलाक का हामी हो, कविता और साहित्य कह कर जारकर्म के सब हामी हैं। जैनेन्द्र कुमार ने अपनी पुस्तक 'प्रेम और विवाह'[233] में अपने जारसूत्र ही लिखे हैं।। यदि हिन्दू लेखक जारकर्म के हामी न होते तो क्या उन स्त्रियों और पुरुषों की तरफ से आवाज न उठाते जो उन की आंखों के सामने हिन्दू कानून के तहत तलाक लेने के लिए कुत्ते-बिल्ली बने कचहरियों के दस-दस सालों तक पाँव तुड़ाते चक्कर काट रहे हैं? कौन नहीं जानता कि आज के हिन्दू कानून में भी तलाक कारगर नहीं है? रीबा सोम ने अपने शोध लेख 'जवाहरलाल नेहरू एण्ड द हिन्दू कोड : ए विक्टरी आफ सिम्बल ओवर सब्सटान्स' में सही लिखा है कि यह केवल प्रतीकात्मक विजय है और वास्तव में कुछ नहीं बदला है। आश्चर्य यह है कि विधायिका का बना हुआ कानून कितना भी पिछड़ा हुआ कहा जाए लेकिन हिन्दू लेखक अपनी मानसिकता में कानून से भी एक हजार साल पीछे खड़े हैं। वे दायभाग और मिताक्षरा के भेद के टीका काल के टीकाकारों की इन टिप्पणियों पर अड़े हैं कि व्यभिचारी स्त्री को भरण-पोषण और स्थायी निर्वाहिका के रूप में भारी-भारी रकमें मिलनी चाहिए। इसी को वे स्त्रीवाद और स्त्री का पक्ष लेना कहते हैं। व्यभिचार को मिटाने की और सदाचार को प्रतिष्ठित करने की किसी को चिन्ता नहीं है। कहना पड़ता है कि प्रेमचन्द से शुरू हो कर हिन्दी साहित्य में ऐसी राय बनी है कि लेखक होना जार होना हो गया है। फिर, राष्ट्र और समाज के लिए मर-मिटने वाले सदाचारी लोग, पहले की तरह, किस विदेश से लाए जाएंगे? साहित्यकारों का सारा सौन्दर्यशास्त्र और धार्मिकों का सारा अध्यात्मवाद इस कीली पर घूम रहा है कि व्यभिचारी का कुछ न बिगड़े। उन के सारे प्रयत्न इस बात के लिए होते हैं कि सौन्दर्य और अध्यात्म के बहाने जारकर्म को प्रोत्साहन और पुरस्कार मिलते रहें। लेकिन यह साहित्य नहीं, जार साहित्य हुआ। कैसी विचित्र स्थिति है, फ्रेंच क्रान्ति उस देश के लेखकों द्वारा जानी जाती है लेकिन यहाँ भारत की संसद और सुप्रीम कोर्ट इन हिन्दू लेखकों से एक हजार साल आगे खड़ी हैं। संसार में अन्यत्र कहीं ऐसा उदाहरण नहीं मिलेगा कि लेखक अपनी मानसिकता में इतना पिछड़ा हुआ हो। इसी जगह दलितों के रैदास, कबीर, अछूतानन्द, मंगूराम और

अम्बेडकर द्विजों से अपना पूरा अन्तर करते खड़े हैं। इसलिए दलितों का लिखा हुआ साहित्य प्रेमचन्द के साहित्य की काट है, उस पर रोक है, उस का क्रमिक विकास नहीं। दलित साहित्य जिस जगह पर जन्म लेता है, द्विज साहित्य उस जगह पर अपने मरने तक भी नहीं पहुँचता है।

संदर्भ

1. प्रेमचन्द : घर में, शिवरानी देवी प्रेमचन्द, आत्माराम एण्ड संस, कश्मीरी गेट, दिल्ली-110006, संस्करण 1956, पृ.-1
2. पाठकगण क्षमा करें, इस समय मेरे पास इस का पूरा हवाला उपलब्ध नहीं है। वह विदेश में रह गया है। जब उपलब्ध हो जाएगा, सेवा में उपस्थित कर दूँगा।
3. "So long India will be ruled by the King who gives equal punishment and rewards for same acts (bad or good) irrespective of his caste and varna, the low castes will continue to prosper and excel in all walks of life."
   Hinduraj : Today -Yesterday-Tomorrow, S.K. Biswas, Orion Books, 22, Upendra Chandra Banerjee Road, Calcutta-700054, Ist Edition, January 1996, p.-45
4. "....And the Europeans are now educating those ignorants, illiterate Low Caste People who toil fields in their loin cloth, are of the Non-Aryan race. They are none of us. This is going to weaken us and give benefit to both these Europeans and the low caste peope."
   ibid, p.-45
5. गौतम कुन्दू बनाम पश्चिमी बंगाल राज्य और एक अन्य : उच्चतम न्यायालय निर्णय पत्रिका (1994) 3 उम. नि. प. : 141 (150)
6. कफ़न और शेष रचनाएँ, प्रेमचन्द, सरस्वती प्रेस, बनारस, षष्ठ संस्करण, नवम्बर 1952, पृ.-7
7. प्रेमचन्द और अछूत समस्या, कान्तिमोहन, जनसुलभ साहित्य प्रकाशन, ग्राम सादतपुर, पोस्ट गोकुलपुर, दिल्ली-110094, संस्करण 1982, पृ. 151
8. वही, पृ.-163
9. वही, पृ.-127
10. पही, पृ.-128
11. पही, पृ.-128
12. वही, पृ.-129
13. वही, पृ.-129
14. वही, पृ.-130
15. वही, पृ.-130
16. वही, पृ.-131
17. वही, पृ.-131
18. वही, पृ.-132
19. वही, पृ.-132-3
20. वही, पृ.-127
21. कफ़न और शेष रचनाएँ, प्रेमचन्द, सरस्वती प्रेस, बनारस, षष्ठ संस्करण, नवम्बर 1952, पृ.-5
22. प्रेमचन्द और अछूत समस्या, कान्ति मोहन, जनसुलभ साहित्य प्रकाशन, ग्राम सादतपुर, पोस्ट गोकुलपुर, दिल्ली-110094, संस्करण 1982, पृ.-174

23. धर्म की आड़ में, कवि डा. गया प्रसाद 'प्रशान्त', प्रकाशक, डा. अम्बेडकर सोशल ट्रान्सफार्मेशन सोसाइटी आफ इण्डिया, लखनऊ, प्रथम संस्करण, 1940, द्वितीय संस्करण, 2003, पृ.-5
24. मुहावरा कोश, सम्पादक हरिवंश राय शर्मा, राजपाल एण्ड सन्ज, कश्मीरी गेट, दिल्ली, संस्करण 2003, पृ.-47
25. उर्दू-हिन्दी शब्द कोश, संकलन कर्ता, मुहम्मद मुस्तफा खाँ 'मद्दाह', उत्तर प्रदेश हिन्दी संस्थान, राजर्षि पुरुषोत्तम दास टण्डन हिन्दी भवन, महात्मा गांधी मार्ग, लखनऊ, सप्तम संस्करण, 1992, पृ.-98
26. प्रेमचंद : घर में, लेखिका शिवरानी देवी प्रेमचन्द, आत्माराम एण्ड संस, कश्मीरी गेट, दिल्ली-110006, संस्करण 1956, पृ.-264-5
27. वही, पृ.-8
28. वही, पृ.-9
29. वही, पृ.-265
30. वही, पृ.-11
31. वही, पृ.-264
32. कफ़न और शेष रचनाएँ, प्रेमचन्द, सरस्वती प्रेस, बनारस, षष्ठ संस्करण, नवम्बर 1952, पृ.-5
33. वही, पृ.-9
34. भगवान बुद्ध और उन का धर्म, डा. भीमराव रामजी आम्बेडकर, अनुवादक भदन्त आनन्द कौसल्यायन, भारतीय बौद्ध शिक्षा परिषद, जेतवन महाविहार, श्रावस्ती, बलरामपुर, उत्तर प्रदेश, द्वितीय संस्करण 1970, पृ.-244
35. कार्ल मार्क्स और फ्रेडरिक एंगेल्स : संकलित रचनाएँ : तीन खण्डों में, खण्ड 3, भाग 2, हिन्दी अनुवाद और प्रकाशन, प्रगति प्रकाशन, 21, जूबोव्स्की बुलवार, मास्को, सोवियत संघ, संस्करण 1978, पृ.-71
36. वही, पृ.-72
37. सार्वजनिक चेहरों पर व्यक्तिगत चेहरे, मैनेजर पाण्डेय, हंस, 2/36, अन्सारी रोड, दरियागंज, नई दिल्ली-110002, जुलाई 2004, पृ.-33
38. वही, पृ.-33
39. वही, पृ.-33
40. वही, पृ.-33
41. वही, पृ.-33
42. धर्मशास्त्र का इतिहास, प्रथम भाग, डा. पी. वी. काणे, अनुवादक अर्जुन चौबे काश्यप, उत्तर प्रदेश हिन्दी संस्थान, महात्मा गांधी मार्ग, लखनऊ, तृतीय संस्करण, 1980, पृ.-346-47
43. प्रेमचन्द : घर में, शिवरानी देवी प्रेमचन्द, आत्माराम एण्ड संस, कश्मीरी गेट, दिल्ली-110006, संस्करण 1956, पृ.-8
44. कफ़न और शेष रचनाएँ, प्रेमचन्द, सरस्वती प्रेस, बनारस, षष्ठ संस्करण, नवम्बर 1952, पृ.-5
45. मलयाल साहित्यत्तिल मार्क्सिसवुम एतिरालिकलुम, ई. एम. एस. नम्पूतिरिप्पाट, चित्रा पब्लिशेर्स, तिरुवनन्तपुरम-695 001, पहला संस्करण, 1997, पृ.-18
46. वही, पृ.-18
47. प्रेमचन्दः एक मार्क्सवादी मूल्यांकन, डा. जनेश्वर वर्मा, ग्रन्थम, रामबाग, कानपुर-208012, प्रथम संस्करण 1986, पृ.-33, 85
48. वही, पृ.-285
49. वही, पृ.-286 पर उद्धृत
50. वही, पृ.-286 पर उद्धृत
51. वही, पृ.-286 पर उद्धृत
52. वही, पृ.-286-87
53. वही, पृ.-287 पर उद्धृत
54. वही, पृ.-346-47 पर उद्धृत

55. कार्ल मार्क्स और फ्रेडरिक एंगेल्स : संकलित रचनाएँ : तीन खण्डों में, खण्ड 3, भाग-2, अनुवाद और प्रकाशन, प्रगति प्रकाशन, 21, जूबोव्स्की बुलवार, मास्को, सोवियत संघ, संस्करण 1978, पृ.-189-90
56. भारतीय नारी, स्वामी विवेकानन्द, अनुवादक श्री इन्द्रदेव सिंह आर्य, रामकृष्ण मठ, राम कृष्ण आश्रम मार्ग, धन्तोली, नागपुर-440 012, सोलहवां संस्करण 21/12/1997, पृ.-46
57. प्रेमचन्द : एक मार्क्सवादी मूल्यांकन, डा. जनेश्वर वर्मा, ग्रन्थम, रामबाग, कानपुर-208012, प्रथम संस्करण 1986, पृ.-347
58. वही, पृ.-347
59. प्रेमचन्द के नारी पात्र, डा. भरत सिंह, पुस्तक प्रचार, 713/12ए/1ए, प्रेमगली, गांधी नगर, दिल्ली-110031, प्रथम संस्करण, अक्टूबर 1973, पृ.-97
60. वही, पृ.-97
61. वही, पृ.-97 पर उद्धृत
62. वही, पृ.-97
63. वही, पृ.-97 पर उद्धृत
64. वही, पृ.-97 पर उद्धृत
65. वही, पृ.-97 पर उद्धृत
66. वही, पृ.-97-8 पर उद्धृत
67. वही, पृ.-257
68. वही, पृ.-257
69. वही, पृ.-265
70. वही, पृ.-366
71. "The Hindu Code was the greatest social reform measure ever undertaken by the Legislature in this counrty. No law passed by the Indian Legislation in the past or likely to be passed in the future can be compared to it in point of its significance"
"Dr. Baba Saheb Ambedkar : Writings and Speeches, Vol. 14, Part Two, Edited by Vasant Moon, Education Department, Govt. of Maharashtra, Mumbai-400 032, Ist Edition, 6 December, 1995, p.-1325
72. हिन्दू कोड बिल और डॉ. अम्बेडकर, सोहन लाल शास्त्री, सम्यक प्रकाशन, 32/3, क्लब रोड, पश्चिमपुरी चौक, नई दिल्ली-110063, चतुर्थ संस्करण 2003, पृ.-77
73. प्रेमचन्द और अछूत समस्या, कान्तिमोहन, जनसुलभ साहित्य प्रकाशन, ग्राम सादतपुर, पोस्ट गोकुलपुर, दिल्ली-110094, संस्करण 1982, पृ.-170
74. वही, पृ.-170
75. वही, पृ.-170
76. कफ़न और शेष रचनाएँ, प्रेमचन्द, सरस्वती प्रेस, बनारस, षष्ठ संस्करण, नवम्बर 1952, पृ.-5
77. भारत का संविधान, 7 फरवरी, 2003 को यथाविद्यमान, विधि साहित्य प्रकाशन, भारत सरकार, भारतीय विधि संस्थान भवन, भगवान दास मार्ग, नई दिल्ली-110001, संस्करण 2003, पृ.-7
78. वही, पृ.-7
79. विविध अपराध निर्देशिका, ममता श्रीवास्तव, लॉ काटेज, 86-A, दरभंगा कालोनी, इलाहाबाद, प्रथम संस्करण 1992, पृ.-2-3
80. पही, पृ.-2-3
81. प्रेमचन्द और अछूत समस्या, कान्ति मोहन, जनसुलभ साहित्य प्रकाशन, ग्राम सादतपुर, पोस्ट गोकुलपुर, दिल्ली-110094, संस्करण 1982, पृ.-170
82. वही, पृ.-144-45
83. वही, पृ.-146
84. वही, पृ.-169
85. वही, पृ.-169
86. वही, पृ.-253-54
87. वही, पृ.-255
88. वही, पृ.-254
89. वही, पृ.-255
90. वही, पृ.-255
91. वही, पृ.-170
92. वही, पृ.-254

93. प्रेमचन्द : घर में, शिवरानी देवी प्रेमचन्द, आत्माराम एण्ड संस, कश्मीरी गेट, दिल्ली-110006, संस्करण 1956, पृ.-7

94. Kamasutra, English Translation, Wendy Doniger and Sudhir Kakar, Oxford University Press, Great Clarendon Street, Oxford OX2 6DP, Ist Edition 2002, Introduction, p-xi

95. कामसूत्रम्, वात्स्यायन, हिन्दी व्याख्याकार देवदत्त शास्त्री, चौखम्भा संस्कृत संस्थान, पो. बा. नं. 1139, के. 37/116, गोपाल मन्दिर लेन, वाराणसी-221001, सप्तम संस्करण वि. सं. 2060, पृ.-575

96. वही, पृ.-576

97. वही, पृ.-576

98. वही, पृ.-576

99. वही, पृ.-576

100. वही, पृ.-576

101. कार्ल मार्क्स और फ्रेडरिक एंगेल्स : संकलित रचनाएँ : तीन खण्डों में, खण्ड-3, भाग-2, हिन्दी अनुवाद और प्रकाशन, प्रगति प्रकाशन, 21, जूबोव्स्की बुलवार, मास्को, सोवियत संघ, संस्करण 1978, पृ.-79

102. कफ़न और शेष रचनाएँ, प्रेमचन्द, सरस्वती प्रेस, बनारस, षष्ठ संस्करण, नवम्बर 1952, पृ.-9

103. वही, पृ.-7-8

104. भारतीय साक्ष्य अधिनियम, 1872, 1 अगस्त, 1990 को यथा विद्यमान, भारत सरकार, विधि और न्याय मन्त्रालय, प्रकाशन-नियन्त्रक, सिविल लाइन्स, दिल्ली-110054, पाँचवाँ संस्करण, 1990, पृ.-38

105. वही, पृ.-3

106. गौतम कुन्दू बनाम पश्चिमी बंगाल राज्य और एक अन्य : उच्चतम न्यायालय निर्णय पत्रिका (1994) 3 उम. नि. प. : 141 (149)

107. वही, पृ.-150

108. कफ़न और शेष रचनाएँ, प्रेमचन्द, सरस्वती प्रेस, बनारस, षष्ठ संस्करण, नवम्बर 1952, पृ.-9

109. गृहस्थ में कैसे रहें?, स्वामी राम सुख दास, गोविन्द भवन कार्यालय, गीता प्रेस, गोरखपुर, आठवां संस्करण सम्वत 2049, पृ.-90

110. वही, पृ.-90

111. सम्पूर्ण गांधी वाङ्मय, खण्ड अड़तीस, नवम्बर 1928–फरवरी 1929, प्रकाशन विभाग, सूचना और प्रसारण मंत्रालय, नई दिल्ली-110001, संस्करण दिसम्बर, 1970, पृ.-194

112. वही, पृ.-194

113. " 'Penis is a competitive Beast.'
"Scientist believe the shape of the penis may have evolved to help men remove the semen of love reivals during sex.
"Tests led a team of US researchers, headed by Professor Godon Gallup, to conclude that the penis acts as a "semen displacement device" and its shape has evolved in part to displace another man's semen.
"The team from the State University of New York believe the thrust of the penis during sex may help to clean a woman's reproductive system of previous lover's semen."
Ultimate Erotica, Vol. 1, No. 5, Sep-Oct 2003, Creative Publications, Ashina Building, 4-19 A, Ground Floor, Khariwad, Nani U.T.- 396210, p.-11

114. "We theorize that as a consequence of competition for paternity, human males evolved uniquely configured penises that function to displace semen

from the female vagina left by other males."
ibid, p.-14

115. कफ़न और शेष रचनाएँ, प्रेमचन्द, सरस्वती प्रेस, बनारस, षष्ठ संस्करण, नवम्बर 1952, पृ.-13

116. धर्मशास्त्र का इतिहास, प्रथम भाग, डा. पाण्डुरंग वामन काणे, अनुवादक अर्जुन चौबे काश्यप, उत्तर प्रदेश हिन्दी संस्थान, राजर्षि पुरुषोत्तम दास टण्डन हिन्दी भवन, महात्मा गांधी मार्ग, लखनऊ, तृतीय संस्करण, 1980, पृ.-353

117. वही, पृ.-353 118. वही, पृ.-353

119. मानसरोवर, भाग-2, प्रेमचन्द, राजकमल प्रकाशन प्रा. लि., 1-बी, नेताजी सुभाष मार्ग, नई दिल्ली-110002, पेपरबैक आवृत्ति, 2001, पृ.-163

120. वही, पृ.-163 121. वही, पृ.-163

122. वही, पृ.-164

123. स्त्रीत्व का मानचित्र, अनामिका, सारांश प्रकाशन प्राइवेट लिमिटेड, 142-ई, पाकेट-4, मयूर विहार-1, दिल्ली-110091, पेपरबैक संस्करण 2001, पृ.-142

124. वही, पृ.-142

125. मानसरोवर, भाग-2, प्रेमचन्द, राजकमल प्रकाशन प्रा. लि., 1-बी, नेताजी सुभाष मार्ग, नई दिल्ली-110002, पेपरबैक आवृत्ति, 2001, पृ.-163

126. 'कफन' और 'दलित स्त्री-विमर्श', अनिता भारती, कृति संस्कृति सन्धान, बी 2/51, रोहिणी सेक्टर 16, दिल्ली-110085, अप्रैल-दिसम्बर 2003, पृ.-209

127. वही, पृ.-211 128. वही, पृ.-211

129. वही, पृ.-212 130. वही, पृ.-210

131. वही, पृ.-212 132. वही, पृ.-211

133. मैंने यहाँ अनिता भारती द्वारा प्रयुक्त किए गए शब्द, 'अनाप-शनाप अनर्गल' जान बूझ कर निकाले हैं क्योंकि मैं नहीं मानता कि मेरे शब्द अनाप-शनाप और अनर्गल हैं। यदि मैं उन शब्दों को रख देता तो उन के उत्तर भी देता जिस से मैंने इस लेख में बचना चाहा है। 'बक' शब्द मैंने रहने दिया है क्योंकि यह उन की भाषा का परिचायक और मानसिकता का सबूत है।

134. वही, पृ.-212

135. कार्ल मार्क्स और फ्रेडरिक एंगेल्स : संकलित रचनाएँ : तीन खण्डों में, खण्ड 3, भाग 2, अनुवाद और प्रकाशन, प्रगति प्रकाशन, 21, जूबोव्स्की बुलवार, मास्को, सोवियत संघ, संस्करण 1978, पृ.-159

136. भारतीय विवाह संस्था का इतिहास, मूल मराठी लेखक विश्वनाथ काशीनाथ राजवाडे, अनुवादिका कमला भावे, पीपुल्स पब्लिशिंग हाउस (प्रा.) लिमिटेड, 5 ई, रानी झांसी रोड, नयी दिल्ली-110055, दूसरा संस्करण जुलाई 1988, पृ.-87

137. वही, पृ.-87-8 138. वही, पृ.-88

139. वही, पृ.-88 140. वही, पृ.-89

141. वही, पृ.-8

142. मेरी बात (आत्म-कथा), प्रेमचन्द, जीवन प्रभात प्रेस, 221, गुरु गोविन्द सिंह इन्डस्ट्रियल इस्टेट, गोरे गाँव—पूर्व, मुम्बई-400 063, संस्करण 2000, पृ.-13-4

143. वही, पृ.-14

144. कामरेड का कामाख्यान, परदेशी राम वर्मा, हंस, 2/36, अन्सारी रोड, दरियागंज, नई दिल्ली-110002, दिसम्बर 2004, पृ.-72

145. यह आम रास्ता नहीं है ! : मेरे विश्वासघात-II, रामशरण जोशी, हंस, 2/36, अन्सारी रोड, दरियागंज, नई दिल्ली-110002, नवम्बर 2004 पृ.-26-7
146. वही, पृ.-29
147. 'कफन' और 'दलित स्त्री-विमर्श', अनिता भारती, कृति संस्कृति सन्धान, बी 2/51, रोहिणी सेक्टर 16, दिल्ली-110085, अप्रैल-दिसम्बर 2003, पृ.-212
148. विश्वासघात-I, रामशरण जोशी, हंस, 2/36, अन्सारी रोड, दरियागंज, नई दिल्ली-110002, अक्टूबर 2004, पृ.-27
149. वही, पृ.-27
150. वही, पृ.-31
151. वही, पृ.-31
152. वही, पृ.-31
153. वही, पृ.-31
154. वही, पृ.-31
155. वही, पृ.-31
156. वही, पृ.-31
157. वही, पृ.-31
158. वही, पृ.-30
159. वही, पृ.-28
160. वही, पृ.-23
161. वही, पृ.-28
162. वही, पृ.-23
163. वही, पृ.-23
164. वही, पृ.-23
165. वही, पृ.-23
166. वही, पृ.-24
167. वही, पृ.-23
168. वही, पृ.-24
169. वही, पृ.-23
170. नाकाबिलेबर्दाश्त भभका, योगेन्द्र आहूजा, हंस, 2/36, अन्सारी रोड, दरिया गंज, नई दिल्ली-110002, दिसम्बर 2004, पृ.-75
171. मेरे विश्वासघात-I, राम शरण जोशी, हंस, 2/36, अन्सारी रोड, दरिया गंज, नई दिल्ली-110002, अक्टूबर 2004, पृ.-31
172. वही, पृ.-31
173. अगर थोड़ा बच के लिखा गया होता तो..., द्रोणवीर कोहली, हंस, 2/36, अन्सारी रोड, दरिया गंज, नई दिल्ली-110002, दिसम्बर 2004, पृ.-73
174. वही, पृ.-73
175. वही, पृ.-73
176. वही, पृ.-72
177. वही, पृ.-72
178. यह दुनिया भी सामने आए ताकि...., राणा प्रताप, हंस, 2/36, अन्सारी रोड, दरियागंज, नई दिल्ली-110002, दिसम्बर 2004, पृ.-71
179. वही, पृ.-71
180. वही, पृ.-71
181. यह आम रास्ता नहीं है ! : मेरे विश्वासघात-II, राम शरण जोशी, हंस, 2/36, अन्सारी रोड, दरियागंज, नई दिल्ली-110002, नवम्बर 2004, पृ.-25
182. 'रंगभूमि-दहन' और दलित-अस्मिता का प्रश्न, अनिता भारती, अपेक्षा, जनवरी-मार्च 2005, 27-घौंडली, कृष्णा नगर, दिल्ली-110051, पृ.-65
183. वही, पृ.-65
184. 'रंगभूमि' का जलाना एक षड्यन्त्र, मैनेजर पाण्डेय, अश्वनी कुमार की बातचीत पर आधारित लेख, अपेक्षा, जनवरी-मार्च 2005, 27-घौंडली, कृष्णा नगर, दिल्ली-110051, पृ.-24
185. वही, पृ.-24
186. प्रेमचंद और अछूत समस्या, कान्ति मोहन, जनसुलभ साहित्य प्रकाशन, ग्राम सादतपुर, पोस्ट गोकुलपुर, दिल्ली-110094, संस्करण 1982, पृ.-146

187. वही, पृ.-146

188. कार्ल मार्क्स और फ्रेडरिक एंगेल्स : संकलित रचनाएँ : तीन खण्डों में, खण्ड-3, भाग-2, हिन्दी अनुवाद और प्रकाशन, प्रगति प्रकाशन, 21, जूबोव्स्की बुलवार, मास्को, सोवियत संघ, संस्करण 1978, पृ.-84

189. कफ़न और शेष रचनाएँ, प्रेमचन्द, सरस्वती प्रेस, बनारस, षष्ठ संस्करण, नवम्बर 1952, पृ.-13

190. कबीर : आधुनिक संदर्भ में, डा. राजदेव सिंह, लोक भारती प्रकाशन, 15 ए, महात्मा गांधी मार्ग, इलाहाबाद-1, संस्करण 1999, पृ.-137

191. अम्बेडकरवादी साहित्य में स्त्री-विमर्श, अनिता भारती, अपेक्षा, 27-घौंडली, कृष्णा नगर, दिल्ली-110051, जुलाई-सितम्बर 2004, पृ.-99

192. वही, पृ.-99

193. सत्ता की शतरंज और दलित मोहरे...., सम्पादकीय लेख, मेरी-तेरी उस की बात, राजेन्द्र यादव, हंस, 2/36, अन्सारी रोड, दरियागंज, नई दिल्ली-110002, अगस्त 2004, पृ.-7

194. वही, पृ.-7 195. वही, पृ.-7

196. अपने अपने प्रेमचन्द, वीरेन्द्र यादव, जनसत्ता, दिल्ली, 27 फरवरी, 2005

197. वही, 27 फरवरी, 2005 198. वही, 27 फरवरी, 2005

199. वही, 27 फरवरी, 2005 200. वही, 27 फरवरी, 2005

201. वही, 27 फरवरी, 2005 202. प्रेमचन्द का हिन्दूवादी पाठ, अंशुमाली रस्तोगी, जनसत्ता, 13 फरवरी, 2005

203. प्रेमचन्द की याद में, के. बिक्रम सिंह, जनसत्ता, 2 जनवरी, 2005

204. कुपाठ और विरोध के शोर में प्रेमचन्द, वीरेन्द्र यादव, तद्भव, अंक 11, अगस्त 2004, 18/209, इन्दिरा नगर, लखनऊ-226016, उत्तर प्रदेश, पृ.-150

205. वही, पृ.-152

206. दलित साहित्य अस्मिता और स्वाभिमान की लड़ाई है—ओम प्रकाश वाल्मीकि, प्रस्तुति : सुदेश तनवर, अम्बेडकर इन इण्डिया, तमकुही राज, कुशी नगर, उत्तर प्रदेश-274407, जनवरी-फरवरी 2005, पृ.-41

207. दलित साहित्य मानवता का साहित्य है : रमणिका गुप्ता, प्रस्तुति अमित कुमार, युद्धरत आम आदमी, रमणिका फाउन्डेशन, A-2-21, डिफेन्स कालोनी, नई दिल्ली-110024, जनवरी-मार्च 2005, पृ.-86

208. भारत का संविधान [7 फरवरी, 2003 को यथा विद्यमान], विधि साहित्य प्रकाशन, भारत सरकार, भारतीय विधि संस्थान भवन, भगवानदास मार्ग, नई दिल्ली-110001, पृ.-1

209. वही, पृ.-7

210. कबीर समग्र, प्रथम खण्ड, सम्पादक प्रो. युगेश्वर, हिन्दी प्रचारक संस्थान, पो. बा. 1106, पिशाचमोचन, वाराणसी-221010, द्वितीय संस्करण 1995, पृ.-418

211. कबीरपंथी शब्दावली, स्वामी श्री युगलानन्द विहारी, गंगाविष्णु श्रीकृष्णदास, लक्ष्मी वेंकटेश्वर स्टीम प्रेस, कल्याण मुम्बई, संस्करण 1982, पृ.-869

212. कबीर का दुख, डा. नामवर सिंह, रविवारी, जनसत्ता, 7 जून, 1999

213. प्रेमचन्द ऐसे ही हैं, डा. योगेन्द्र, हिन्दुस्तान, सम्पादकीय पृष्ठ, नई दिल्ली, 21 मई, 2005

214. वही, 21 मई, 2005

215. वही, 21 मई, 2005

216. वही, 21 मई, 2005

217. वही, 21 मई, 2005

218. वही, 21 मई, 2005

219. वही, 21 मई, 2005

220. भारत का संविधान [7 फरवरी, 2003 को यथा विद्यमान], विधि साहित्य प्रकाशन, भारत सरकार, भारतीय विधि संस्थान भवन, भगवानदास मार्ग, नई दिल्ली-110001, संस्करण 2003, पृ.-19

221. प्रेमचन्द के हमीद की स्मृति में, राजकिशोर, जनसत्ता, दिल्ली, 22 मई, 2005

222. वही, 22 मई, 2005

223. वही, 22 मई, 2005

224. वही, 22 मई, 2005

225. "After four days of discussions, Ambedkar gave an impassioned speech where he mentioned that the extra-marital relationship of Krishna and Radha was an indication of the degrated condition in which Hinduism maintained its womenfold." Dr. Ambedkar and Untouchability : Analysing and Fighting Caste, Christophe Jaffrelot, Permanent Black, D-28, Oxford Apartment, 11, I.P. Extension, Delhi-110092, Ist Edition 2005, p. -116

226. "....he dismissed Krishna's illicit intimacy with Radha." Jawaharlal Nehru and the Hindu Code : A Victory of Symbol over Substance , Reba Som, Modern Asian Studies, The Edinburg Building, Shaftesbury Road, Cambridge CB2 2RU Volume 28, Part 1, February 1994, p.-186, footnote-96

227. हिन्दू धर्म की रिडल : ब्राह्मणशाही की उहापोह, लेखक डा. भीमराव आम्बेडकर, अनुवादक डा. भदन्त आनन्द कौसल्यायन, रिडल्स प्रकाशन, बुद्ध भूमि, कामती रोड, नागपुर, प्रथम संस्करण 1988, पृ.-149

228. वही, पृ.-149

229. वही, पृ.-149

230. वही, पृ.-149

231. कबीर वचनावली–अर्थात कबीर साहब के उत्तमोत्तम भजनों और साखियों का संग्रह, संग्रहकर्ता अयोध्या सिंह उपाध्याय हरिऔध, काशी नागरी प्रचारिणी सभा, बनारस, 8वां संस्करण वि. सं. 1996, पृ.-48

232. कबीर : आधुनिक सन्दर्भ में, डा. राजदेव सिंह, लोक भारती प्रकाशन, 15 ए, महात्मा गांधी मार्ग, इलाहाबाद-1, संस्करण 1999, पृ.-137

233. प्रेम और विवाह, जैनेन्द्र कुमार, पूर्वोदय प्रकाशन, 7/8 दरियागंज, नई दिल्ली-110002, प्रथम संस्करण 1980

सन्दर्भ साहित्य

I. हिन्दी पुस्तकें

1. कफ़न और शेष रचनाएँ, प्रेमचन्द, सरस्वती प्रेस, बनारस, षष्ठ संस्करण, नवम्बर 1952
2. कबीर : आधुनिक सन्दर्भ में, डा. राज देव सिंह, लोक भारती प्रकाशन, 15 ए, महात्मा गांधी मार्ग, इलाहाबाद-1, संस्करण 1999
3. कबीरपंथी शब्दावली, स्वामी श्री युगलानन्द विहारी, गंगाविष्णु श्रीकृष्णदास, लक्ष्मी वेंकटेश्वर स्टीम प्रेस, कल्याण मुम्बई, संस्करण 1982
4. कबीर वचनावली—अर्थात कबीर साहब के उत्तमोत्तम भजनों और साखियों का संग्रह, संग्रहकर्ता अयोध्या सिंह उपाध्याय हरिऔध, काशी नागरी प्रचारिणी सभा, बनारस, 8वाँ संस्करण वि. सं. 1996
5. कबीर समग्र, प्रथम खण्ड, सम्पादक प्रो. युगेश्वर, हिन्दी प्रचारक संस्थान, पो. बा. 1106, पिशाच मोचन, वाराणसी-221010, द्वितीय संस्करण 1995
6. कामसूत्रम्, हिन्दी व्याख्याकार, देवदत्त शास्त्री, चौखम्भा संस्कृत संस्थान, पो. बा. नं. 1139, के. 37/116, गोपाल मन्दिर लेन, वाराणसी-221001, सप्तम संस्करण वि. सं. 2060
7. कार्ल मार्क्स और फ्रेडरिक एंगेल्स : संकलित रचनाएँ : तीन खण्डों में, खण्ड 3, भाग 2, अनुवाद और प्रकाशन, प्रगति प्रकाशन, 21, जूबोव्स्की बुलवार, मास्को, सोवियत संघ, संस्करण 1978
8. गृहस्थ में कैसे रहें?, स्वामी राम सुख दास, गोविन्द भवन कार्यालय, गीता प्रेस, गोरखपुर, आठवाँ संस्करण सम्वत 2049
9. धर्म की आड़ में, डा. गया प्रसाद 'प्रशान्त', प्रकाशन, डा. अम्बेडकर सोशल ट्रान्सफार्मेशन सोसाइटी आफ इण्डिया, लखनऊ, प्रथम संस्करण 1940, द्वितीय संस्करण 2003
10. धर्मशास्त्र का इतिहास, प्रथम भाग, डा. पी. वी. काणे, अनुवादक अर्जुन चौबे काश्यप, उत्तर प्रदेश हिन्दी संस्थान, महात्मा गांधी मार्ग, लखनऊ, तृतीय संस्करण 1980
11. प्रेम और विवाह, जैनेन्द्र कुमार, पूर्वोदय प्रकाशन, 7/8 दरियागंज, नई दिल्ली-110002, प्रथम संस्करण 1980

12. प्रेमचन्द और अछूत समस्या, कान्ति मोहन, जनसुलभ साहित्य प्रकाशन, ग्राम सादतपुर, पोस्ट गोकुलपुर, दिल्ली-110094, संस्करण 1982
13. प्रेमचन्द : एक मार्क्सवादी मूल्यांकन, डा. जनेश्वर वर्मा, ग्रन्थम, रामबाग, कानपुर-208012, प्रथम संस्करण, 1986
14. प्रेमचन्द के नारी पात्र, डा. भरत सिंह, पुस्तक प्रचार, 713/12ए/1ए, प्रेमगली, गांधी नगर, दिल्ली-110031, प्रथम संस्करण, अक्तूबर 1973
15. प्रेमचन्द : घर में, शिवरानी देवी प्रेमचन्द, आत्मा राम एण्ड संस, कश्मीरी गेट, दिल्ली-110006, संस्करण 1956
16. भगवान बुद्ध और उन का धर्म, लेखक डा. भीमराव रामजी आम्बेडकर, अनुवादक भदन्त आनन्द कौसल्यायन, भारतीय बौद्ध शिक्षा परिषद, जेतवन महाविहार, श्रावस्ती, बलरामपुर, उत्तर प्रदेश, द्वितीय संस्करण 1970
17. भारत का संविधान, 7 फरवरी, 2003 को यथाविद्यमान, विधि साहित्य प्रकाशन, भारत सरकार, भारतीय विधि संस्थान भवन, भगवान दास मार्ग, नई दिल्ली-110001, संस्करण 2003
18. भारतीय नारी, स्वामी विवेकानन्द, अनुवादक, श्री इन्द्रदेव सिंह आर्य, रामकृष्ण मठ, रामकृष्ण आश्रम मार्ग, धन्तोली, नागपुर-440012, सोलहवाँ संस्करण, 21/12 1997
19. भारतीय विवाह संस्था का इतिहास, मूल मराठी लेखक विश्वनाथ काशीनाथ राजवाडे, अनुवादिका कमला भावे, पीपुल्स पब्लिशिंग हाउस (प्रा.) लिमिटेड, 5 ई, रानी झांसी रोड, नयी दिल्ली-110055, दूसरा संस्करण, जुलाई 1988
20. भारतीय साक्ष्य अधिनियम, 1872, 2 अगस्त, 1990 को यथा विद्यमान, भारत सरकार, विधि और न्याय मन्त्रालय, प्रकाशन-नियन्त्रक, सिविल लाइन्स, दिल्ली-110054, पाँचवाँ संस्करण, 1990
21. मानसरोवर, भाग-2, प्रेमचन्द, राजकमल प्रकाशन प्रा. लि., 1-बी, नेताजी सुभाष मार्ग, नई दिल्ली-110002, पेंपरबैक आवृत्ति, 2001
22. मेरी बात (आत्म कथा), प्रेमचन्द, जीवन प्रभात प्रेस, 221, गुरु गोविन्द सिंह इन्डस्ट्रियल इस्टेट, गोरे गाँव—पूर्व, मुम्बई-400063, संस्करण 2000
23. विविध अपराध निर्देशिका, ममता श्रीवास्तव, लॉ काटेज, 86-A, दरभंगा कालोनी, इलाहाबाद, प्रथम संस्करण 1992
24. सम्पूर्ण गांधी वाङ्मय, खण्ड अड़तीस, नवम्बर 1928-फरवरी 1929, प्रकाशन विभाग, सूचना और प्रसारण मन्त्रालय, नई दिल्ली-110001, संस्करण, दिसम्बर 1970
25. स्त्रीत्व का मानचित्र, अनामिका, सारांश प्रकाशन प्राइवेट लिमिटेड, 142-ई, पाकेट-4, मयूर विहार-I, दिल्ली-110091, पेपरबैक संस्करण 2001
26. हिन्दू कोड बिल और डा. अम्बेडकर, सोहन लाल शास्त्री, सम्यक प्रकाशन, 32/3, क्लब रोड, पश्चिमपुरी चौक, नई दिल्ली-110063, चतुर्थ संस्करण 2003
27. हिन्दू धर्म की रिडल : ब्राह्मणशाही की उहापोह, लेखक डा. भीमराव आम्बेडकर, अनुवादक डा. भदन्त आनन्द कौसल्यायन, रिडल्स प्रकाशन, बुद्ध भूमि, कामती रोड, नागपुर, प्रथम संस्करण 1988

II कोश

1. उर्दू-हिन्दी शब्दकोश, संकलन कर्ता, मुहम्मद मुस्तफा खाँ 'मद्दाह', उत्तर प्रदेश हिन्दी संस्थान, राजर्षि पुरुषोत्तम दास टण्डन हिन्दी भवन, महात्मा गांधी मार्ग, लखनऊ, सप्तम संस्करण 1992
2. मुहावरा कोश, सम्पादक हरिवंश राय शर्मा, राजपाल एण्ड सन्ज, कश्मीरी गेट, दिल्ली, संस्करण 2003

III हिन्दी पत्र-पत्रिकाएँ

1. अगर थोड़ा बच के लिखा गया होता तो...., द्रोणवीर कोहली, हंस, 2/36, अन्सारी रोड, दरियागंज, नई दिल्ली-110002, दिसम्बर 2004
2. अपने अपने प्रेमचन्द, वीरेन्द्र यादव, जनसत्ता, दिल्ली, 27 फरवरी, 2005
3. अम्बेडकरवादी साहित्य में स्त्री-विमर्श, अनिता भारती, अपेक्षा, 27-घौंडली, कृष्णा नगर, दिल्ली-110051, जुलाई-सितम्बर 2004
4. 'कफन' और 'दलित स्त्री विमर्श', अनिता भारती, कृति संस्कृति सन्धान, बी 2/51, रोहिणी सेक्टर 16, दिल्ली-110085, अप्रैल-दिसम्बर 2003
5. कबीर का दुख, डा नामवर सिंह, रविवारी, जनसत्ता, 7 जून, 1999
6. कामरेड का कामाख्यान, परदेशी राम वर्मा, हंस, 2/36, अन्सारी रोड, दरियागंज, नई दिल्ली-110002, दिसम्बर 2004
7. कुपाठ और बिरोध के शोर में प्रेमचन्द, वीरेन्द्र यादव, तद्‌भव, अंक 11, अगस्त 2004, 18/209, इन्दिरा नगर, लखनऊ-226016, उत्तर प्रदेश
8. दलित साहित्य अस्मिता और स्वाभिमान की लड़ाई है—ओम प्रकाश वाल्मीकि, प्रस्तुति : सुदेश तनवर, अम्बेडकर इन इण्डिया, तम कुही राज, कुशी नगर, उत्तर प्रदेश-274407, जनवरी-फरवरी, 2005
9. दलित साहित्य मानवता का साहित्य है : रमणिका गुप्ता, प्रस्तुति अमित कुमार, युद्‌धरत आम आदमी, रमणिका फाउन्डेशन, A-2-21, डिफेन्स कालोनी, नई दिल्ली-110024, जनवरी-मार्च, 2005
10. नाकाबिलेबर्दाश्त भभका, योगेन्द्र आहूजा, हंस, 2/36, अन्सारी रोड, दरिया गंज, नई दिल्ली-110002, दिसम्बर 2004
11. प्रेमचन्द ऐसे ही हैं, डा. योगेन्द्र, हिन्दुस्तान, सम्पादकीय पृष्ठ, नई दिल्ली, 21 मई, 2005
12. प्रेमचन्द का हिन्दूवादी पाठ, अंशुमाली रस्तोगी, जनसत्ता, 13 फरवरी, 2005
13. प्रेमचन्द की याद में, के. बिक्रम सिंह, जनसत्ता, 2 जनवरी, 2005
14. प्रेमचन्द के हमीद की स्मृति में, राज किशोर, जनसत्ता, दिल्ली, 22 मई, 2005
15. मेरे विश्वासघात-I, रामशरण जोशी, हंस, 2/36, अन्सारी रोड, दरियागंज, नई दिल्ली-110002, अक्टूबर 2004
16. यह आम रास्ता नहीं है : मेरे विश्वासघात-II, राम शरण जोशी, हंस, 2/36, अन्सारी रोड, दरियागंज, नई दिल्ली-110002, नवम्बर 2004
17. यह दुनिया भी सामने आए ताकि...., राणा प्रताप, हंस, 2/36, अन्सारी रोड, दरियागंज, नई दिल्ली-110002, दिसम्बर 2004
18. 'रंगभूमि-दहन' और दलित अस्मिता का प्रश्न, अनिता भारती, अपेक्षा, जनवरी-मार्च 2005, 27 घौंडली, कृष्णा नगर, दिल्ली-110051
19. 'रंगभूमि' का जलाना एक षडयन्त्र, मैनेजर पाण्डेय, अश्वनी कुमार की बातचीत पर आधारित लेख, अपेक्षा, जनवरी-मार्च 2005, 27-घौंडली, कृष्णा नगर, दिल्ली-110051
20. सत्ता की शतरंज और दलित मोहरे...., सम्पादकीय लेख, मेरी-तेरी उस की बात, राजेन्द्र यादव, हंस, 2/36, अन्सारी रोड, दरिया गंज, नई दिल्ली-110002, अगस्त 2004
21. सार्वजनिक चेहरों पर व्यक्तिगत चेहरे, मैनेजर पाण्डेय, हंस, 2/36, अन्सारी रोड, दरिया गंज, नई दिल्ली-110002, जुलाई 2004

IV कोर्ट के फैसले

1. गौतम कुन्दू बनाम पश्चिमी बंगाल राज्य और एक अन्य : उच्चतम न्यायालय निर्णय पत्रिका (1994) 3 उम. नि. प. : 141

V English Books

1. Dr. Ambedkar and Untouchability : Analysing and Fighting Caste, Christophe Jafferlot, Permanent Black, D-28, Oxford Apartment, 11, I.P. Extension, Delhi-110092, Ist Edition 2005
2. Dr. Babasaheb Ambedkar : Writings and Speeches, Vol. 14, Part Two, Edited by Vasant Moon, Education Department, Govt. of Maharashtra, Mumbai-400032, Ist Edition, 6 December 1995
3. Hindu Raj : Today-Yesterday-Tomorrow, S.K. Biswas, Orion Books, 22, Upendra Chandra Banerjee Road, Calcutta-700054, Ist Edition, January 1996
4. Kamasutra, English Translation by Wendy Doniger and Sudhir Kakar, Oxford University Press, Great Clarendon Street, Oxford OX2 6 DP, Ist Edition 2002

V. English Magazines

1. Jawaharlal Nehru and the Hindu Code : A Victory of Symbol over Substance?, Reba Som, Modern Asian Studies, The Edinburg Building, Shaftesbury Road, Cambridge CB2 2RU, Volume 28, Part 1, February 1994
2. Ultimate Erotica, Vol. 1, No. 5, Sep-Oct 2003, Creative Publications, Ashina Building, 4-19 A, Ground Floor, Khariwad, Nani U-T. - 396 210

VI. मलयालम पुस्तकें

1. मलयाल साहित्यत्तिल मार्क्सिसवुम ऐतिरालिकलुम, ई. एम. एस. नम्पूतिरिप्पाट, चित्रा पब्लिशर्स, तिरुवनन्तपुरम-695 001, पहला संस्करण 1997

डा. धर्मवीर के स्त्री सम्बन्धी साहित्य पर बहस

1. अठारवहीं (शब्द 'उन्नीसवीं' होना चाहिए) सदी में उभरा मुक्ति का स्वर, मुकुल प्रियदर्शिनी, जनसत्ता, 16 अप्रैल 1989, नई दिल्ली
2. 'अनुगूँज' की गम्भीरता, डॉ. सुकीर्ति गुप्ता, कथादेश, सहयात्रा प्रकाशन प्रा. लि., सी-52/जेड-3, दिलशाद गार्डन, जनवरी 2004, दिल्ली—110095, पृ.-9
3. अपनी भैंस कुल्हाड़ी से नाथूँ, तुम्हें क्या?, बालेश्वर राम, कथादेश, सहयात्रा प्रकाशन प्रा. लि., सी-52/जेड-3, दिलशाद गार्डन, दिल्ली-110095, जून 2003, पृ.-5
4. अपने गिरेबान में तो झांकिए, अनिता भारती, हंस, अक्षर प्रकाशन प्रा. लि., 2/36, अन्सारी रोड, दरियागंज, नई दिल्ली-110002, नवम्बर 2003, पृ.-10-11
5. अर्धनारीश्वर, दिष्णु प्रभाकर (साहित्य अकादमी से पुरस्कृत इस उपन्यास में 'सीमन्तनी उपदेश' का शीर्षक ज्यों का त्यों रखा गया है लेकिन सम्पादक के रूप में मेरा नाम बदल दिया है। मैंने उन से अनुरोध किया है कि इतिहास का विषय होने की वजह से मेरा नाम भी ज्यों का त्यों रखा जाए। उन्होंने मेरा तर्क स्वीकार किया है।)
6. आए थे हरि भजन को..., कमाल अहमद, कथादेश, सहयात्रा प्रकाशन प्रा. लि., सी-52/जेड-3, दिलशाद गार्डन, दिल्ली-110095, नवम्बर 2003, पृ.-7-8
7. आकर्षक मुखपृष्ठ, डा. प्रमोद कुमार सिंह, कथादेश, सहयात्रा प्रकाशन प्रा. लि., सी-52/जेड-3, दिलशाद गार्डन, दिल्ली-110095, दिसम्बर 2003, पृ. 6
8. आजादी के मायने, मंजू देवी, हंस, नवम्बर 2004, 2/36, अन्सारी रोड, दरियागंज, नई दिल्ली-110002, पृ.-63
9. आन्दोलन के रूप में शिवमूर्ति, उमाकान्त 'राही', कथादेश, सहयात्रा प्रकाशन प्रा. लि., सी-52/जेड-3, दिलशाद गार्डन, दिल्ली-110095, दिसम्बर 2003, पृ.-4
10. इस में गलत क्या है, विद्या लाल, कथादेश, सहयात्रा प्रकाशन प्रा. लि., सी-52/जेड-3, दिलशाद गार्डन, दिल्ली-110095, अगस्त 2003, पृ.-83
11. उन्नीसवीं सदी के स्त्री-स्वर, संजीव, लोकमत समाचार, नागपुर, 26 सितम्बर 2004, पृ.-2

12. एक दौड़ती कड़वी सच्चाई, वेद प्रकाश दुबे, चौथी दुनिया, 16 से 22 जुलाई, 1989, पृ.-14
13. औरतों का नजरिया : सीमन्तनी उपदेश, वीर भारत तलवार, उन की पुस्तक 'रस्साकशी : 19वीं सदी का नवजागरण और पश्चिमोत्तर प्रान्त' में, सारांश प्रकाशन प्राइवेट लिमिटेड, 142-ई, पाकेट-4, मयूर विहार-1, दिल्ली-110091, प्रथम संस्करण 2002, पृ.-221-236, 240, 244
14. औलाद चाहने वाली एक औरत का हाल, दैनिक नवभारत टाइम्स, रविवारीय, 27 नवम्बर 1988, पृ.-3, कालम 3-6
15. 'कफन' और 'दलित स्त्री विमर्श', अनिता भारती, कृति संस्कृति संधान, बी-2/51, रोहिणी सेक्टर-16, दिल्ली-110085, अप्रैल-दिसम्बर 2003, पृ.-209-13
16. 'काश पूछो कि मुद्दा क्या है....!' परिभाषाओं का संघर्ष, पुरुषोत्तम अग्रवाल, कथादेश, सहयात्रा प्रकाशन प्रा. लि., सी-52/जेड-3, दिलशाद गार्डन, दिल्ली-110095, नवम्बर, 2003, पृ.-38-43
17. काश! फलक विस्तृत होता, अनिता भारती, कथादेश, सहयात्रा प्रकाशन प्रा. लि., सी-52/जेड-3, दिलशाद गार्डन, दिल्ली-110095, जून 2003, पृ.-63
18. को बड़ छोट कहत अपराधू, कविता, कथादेश, सहयात्रा प्रकाशन प्रा. लि., सी-52/जेड-3, दिलशाद गार्डन, दिल्ली-110095, अगस्त 2003, पृ.-81-2
19. क्या स्त्री विरोधी हैं दलित लेखक?, सुमन प्रभा, दलित प्रक्रिया, अक्तू-नवम्बर 1994, पृ.-5-7
20. क्या हम आपकी खेती हैं?, रजनी तिलक, कथादेश, सहयात्रा प्रकाशन प्रा. लि., सी-52/जेड-3, दिलशाद गार्डन, दिल्ली-110095, अगस्त 2003, पृ. -79-81
21. खूबसूरत दुश्मनों के बीच, देवदत्त, जनसत्ता, दिल्ली, 3 अगस्त 2003
22. गर दलित पत्नी सताए तो डॉ. धर्मवीर को बताएँ, अनीता भारती, युद्धरत आम आदमी, रमणिका फाउन्डेशन, A-2-21, डिफेन्स कालोनी, नई दिल्ली-110024, जनवरी-मार्च 2005, पृ.-74-7
23. चूक गए, जोखिम देवलिया, हंस, अक्षर प्रकाशन प्रा. लि., 2/36, अन्सारी रोड, दरिया गंज, नई दिल्ली-110002, नवम्बर 2003, पृ.-11
24. जीवन की अनुगूँज, यशवन्त पाल, कथादेश, सहयात्रा प्रकाशन प्रा. लि., सी-52/जेड-3, दिलशाद गार्डन, दिल्ली-110095, दिसम्बर 2003, पृ.-4
25. जेवर-गहने से पीछा क्यों नहीं छूटता!, सम्पादक, चौथी दुनिया, 16 से 22 जुलाई, 1989, पृ.-14
26. टापू नहीं है कोई भी, ललित कार्तिकेय, कथादेश, सहयात्रा प्रकाशन प्रा. लि., सी-52/जेड-3, दिलशाद गार्डन, दिल्ली-110095, सितम्बर-2003, पृ. -60-61
27. तिहरा अभिशाप अर्थात् दलित अस्मिता विमर्श में स्त्री, बजरंग बिहारी तिवारी, हंस, अक्षर प्रकाशन प्रा. लि., 2/36, अन्सारी रोड, दरियागंज, नई दिल्ली-110002, जुलाई 2000, पृ.-91

28. दलित-अस्मिता के लिए गठबन्धन जरूरी, ईश कुमार गंगानिया, 27-घौंडली, कृष्णा नगर, दिल्ली-110051, अप्रैल-जून 2004, पृ.-53-56, 71
29. दलित आन्दोलन : भविष्यदृष्टि का प्रश्न, सुभाष गाताडे, कथादेश, सहयात्रा प्रकाशन प्रा. लि., सी-52/जेड-3, दिलशाद गार्डन, दिल्ली-110095, अगस्त 2003, पृ.-84-6
30. दलित दर्शन या दलित मनुवाद!, सुमन प्रभा, समकालीन जनमत, 16-31 जुलाई 1995, पृ.-29-31
31. दलित दर्शन : सीमित दायरे की बहस, अखिलेश, समकालीन जनमत, 1-15 सितम्बर, 1995, पृ.-26
32. दलितों में दलित है स्त्री, पुष्पा विवेक, कथादेश, सहयात्रा प्रकाशन प्रा. लि., सी-52/जेड-3, दिलशाद गार्डन, दिल्ली-110095, जून 2003, पृ. -61-2
33. दलित साहित्य वयस्क हो रहा है, मोहन दास नैमिशराय से ईश कुमार गंगानिया की बातचीत, अपेक्षा, 27-घौंडली, कृष्णा नगर, दिल्ली-110 051, अप्रैल-जून 2004, पृ.-37
34. दलित साहित्य-विमर्श में स्त्री, बजरंग बिहारी तिवारी, कथादेश, सहयात्रा प्रकाशन प्रा. लि., सी-52/जेड-3, दिलशाद गार्डन, दिल्ली-110095, जनवरी 2003, पृ. -39-49
35. दलित स्त्री का कब्जाकरण, रमणिका गुप्ता, कथादेश, सहयात्रा प्रकाशन प्रा. लि., सी-52/जेड-3, दिलशाद गार्डन, दिल्ली-110095, जुलाई 2003, पृ. -61-5
36. दृष्टि का दंश, विद्या रानी, हंस, 2/36, अन्सारी रोड, दरिया गंज, नई दिल्ली-110002, अगस्त 1999, पृ.-96
37. देवदत्त क्यों हँसे?, धर्मवीर, जनसत्ता, नई दिल्ली, 6 जुलाई 2003
38. धर्मवीर की नैतिकता, अनिता भारती, कथादेश, सहयात्रा प्रकाशन प्रा. लि., सी-52/जेड-3, दिलशाद गार्डन, दिल्ली-110095, नवम्बर 2003, पृ. -6-7
39. नयी जान आ गयी है, पवन कुमार सिंह, कथादेश, सहयात्रा प्रकाशन प्रा. लि., सी-52/जेड-3, दिलशाद गार्डन, दिल्ली-110095, सितम्बर 2003
40. नारी की अन्तर्वेदना की सफल अभिव्यक्ति : सीमन्तनी उपदेश, नगर संवाददाता, दैनिक वीर अर्जुन, नई दिल्ली संस्करण, 24 नवम्बर 1988, पृ.-3, कालम-7-8
41. नारी जागरण का उद्घोष, डा. हरिमोहन, आजकल, जून 1989, पृ.-41-2
42. नारी मुक्तिकाव्य, मंजू देवी, हंस, 2/36, अन्सारी रोड, दरियागंज, नई दिल्ली-110002, अगस्त 1999, पृ.-96
43. नारीवाद बनाम देहवाद, सुभाष धायल, जनसत्ता, नई दिल्ली, 21 अक्टूबर 2004
44. नारी वादिनों को शुभकामनाएँ, सत्यपाल सिंह, कथादेश, सहयात्रा प्रकाशन प्रा. लि., सी-52/जेड-3, दिलशाद गार्डन, दिल्ली-110095, जुलाई 2003, पृ.-65
45. नारी समस्या का जीवन्त दस्तावेज, सुरेश कुमार, समीक्षायन, पृ.-68-9
46. निशाने से आगे, देवदत्त, जनसत्ता, दिल्ली, 8 जून, 2003, पृ-7
47. परछाईं से संघर्ष करती नारी, राज भारती, समकालीन जनमत, 1-15 सितम्बर 1995, पृ.-25-6

48. पाठक प्रतिक्रिया, रमेश निर्मल, अपेक्षा, 27-घौंडली, कृष्णा नगर, दिल्ली-110 051, अक्टूबर-दिसम्बर 2003, पृ .-2-3
49. पाठकों को इतना मूर्ख क्यों समझते हैं?, डा. प्रमोद कुमार सिंह, कथादेश, सहयात्रा प्रकाशन प्रा. लि., सी-52/जेड-3, दिलशाद गार्डन, दिल्ली-110095, जून 2003, पृ.-6
50. प्रस्तावना, कुसुम चतुर्वेदी, नया मानदण्ड, आचार्य रामचंद्र शुक्ल साहित्य शोध संस्थान, दुर्गाकुण्ड, वाराणसी, अप्रैल-जून 2003, पृ.-9
51. बंटवारा सम्भव नहीं, हरीश कुमार, हंस, अक्षर प्रकाशन प्रा. लि., 2/36, अन्सारी रोड, दरियागंज, नई दिल्ली-110002, अक्टूबर 2004, पृ.-9
52. बदमाशों की हालत, चौथी दुनिया, 30 जुलाई से 5 अगस्त, 1989, पृ.-14
53. 'बहस, वाह भई, वाह', मुन्नी चौधरी, कथादेश, सहयात्रा प्रकाशन प्रा. लि., सी-52/जेड-3, दिलशाद गार्डन, दिल्ली-110095, सितम्बर 2003, पृ.-6
54. बहस का अन्त स्त्री से होना चाहिए, रजनी तिलक, कथादेश, सहयात्रा प्रकाशन प्रा. लि., सी-52/जेड-3, दिलशाद गार्डन, दिल्ली-110095, नवम्बर 2003, पृ.-6
55. बेजोड़ है, गोविन्द सेन, कथादेश, सहयात्रा प्रकाशन प्रा. लि., सी-52/जेड-3, दिलशाद गार्डन, दिल्ली-110095, जून 2003, पृ.-5
56. बेहद मर्मस्पर्शी, गन्धर्व आनन्द, कथादेश, सहयात्रा प्रकाशन प्रा. लि., सी-52/जेड-3, दिलशाद गार्डन, दिल्ली-110095, सितम्बर 2003, पृ.-6
57. मनुवाद का नया संस्करण, विमल थोरात, कथादेश, सहयात्रा प्रकाशन प्रा. लि., सी-52/जेड-3, दिलशाद गार्डन, दिल्ली-110095, जुलाई 2003, पृ.-66-9
58. मंच और डा. धर्मवीर, महेश चन्द्र पुनेठा, समकालीन जनमत, 1-15 सितम्बर 1995, पृ. -4-5
59. मान न मान, मैं तेरा मेहरबान, मैत्रेयी पुष्पा, कथादेश, सहयात्रा प्रकाशन प्रा. लि., सी-52/जेड-3, दिलशाद गार्डन, दिल्ली-110095, जून 2003, पृ.-58-61
60. मानव विरोधी और फासिस्ट सोच, सुदीप्ति, कथादेश, सहयात्रा प्रकाशन प्रा. लि., सी-52/जेड-3, दिलशाद गार्डन, दिल्ली-110095, जून 2003, पृ.-62-3
61. मुँह में राम...., रमेश निर्मल, कथादेश, सहयात्रा प्रकाशन प्रा. लि., सी-52/जेड-3, दिलशाद गार्डन, दिल्ली-110095, सितम्बर 2003, पृ.-61-4
62. मुझ को डर आतिशे गुल से है....: अस्मिता विमर्श : एक पड़ताल, पुरुषोत्तम अग्रवाल, कथादेश, सहयात्रा प्रकाशन प्रा. लि., सी-52/जेड-3, दिलशाद गार्डन, दिल्ली-110095, फरवरी 2003, पृ.-31-8
63. मेरा दुश्मन मेरा दोस्त, अंशुमाली रस्तोगी, हंस, अक्षर प्रकाशन प्रा. लि., 2/36, अन्सारी रोड, दरियागंज, नई दिल्ली-110002, दिसम्बर 2003, पृ.-14
64. मेरी चिन्ता छोड़ बावरे कर तू अपनी चिन्ता, संजीव चन्दन, पुस्तक वार्ता, नवम्बर-दिसम्बर 2004, महात्मा गांधी अन्तरराष्ट्रीय हिन्दी विश्वविद्यालय, पोस्ट बाक्स नं.-16, पंचटीला, उमरी, वर्धा-442001

65. यह ब्राह्मणवादी षडयन्त्र है, अजय नावरिया, कथादेश, सहयात्रा प्रकाशन प्रा. लि., सी-52/जेड-3, दिलशाद गार्डन, दिल्ली-110095, अगस्त 2003, पृ.-83

66. रोटी कपड़ा लो, और तुम्हें कुछ अख्तियार नहीं, अरुण प्रकाश, अलाव, पृ.-30-33, साभार, चौथी दुनिया, 20-26 अगस्त 1989, पृ.-13

67. लिखा लेने का दंभ, मीनाक्षी सखी, हंस, अक्षर प्रकाशन प्रा. लि., 2/36, अन्सारी रोड, दरियागंज, नई दिल्ली-110002, अक्टूबर 2004, पृ.-11-2

68. विधवा विवाह क्यों नहीं कर सकती, सम्पादक, चौथी दुनिया, 23 से 29 जुलाई 1989, पृ.-14

69. विवाह एक पवित्र बन्धन, प्रतिभा अग्रवाल, जनसत्ता, दिल्ली, 2 जुलाई 2003

70. विवाह की मर्यादा एक पवित्र धोखा, मैत्रेयी पुष्पा, जनसत्ता, दिल्ली, 15 जून 2003

71. विवाहेतर सम्बन्ध मुक्ति का स्वर्गद्वार नहीं, सुदीप्ति, जनसत्ता, दिल्ली, 29 जून 2003

72. विवाह-संस्था अन्यायपूर्ण, यशदेव शल्य, जनसत्ता, दिल्ली, 29 जून 2003

73. विवेकानन्द के माहौल में...., शैलेन्द्र कुमार त्रिपाठी, हंस, 2/36, अन्सारी रोड, दरिया गंज, नई दिल्ली-110002, नवम्बर 2002, पृ.-62-3

74. वैवाहिक बन्धन अगर धोखा हो तो नकार देना चाहिए, उमाकान्त राही, कथादेश, सहयात्रा प्रकाशन प्रा. लि., सी-52/जेड-3, दिलशाद गार्डन, दिल्ली-110095, अगस्त 2003, पृ.-4

75. सच कहने का साहस, वैद्यनाथ मिश्र, कथादेश, सहयात्रा प्रकाशन प्रा. लि., सी-52/जेड-3, दिलशाद गार्डन, दिल्ली-110095, जनवरी 2004, पृ.-7

76. संघर्ष का बँटवारा नहीं किया जा सकता, शरण कुमार लिम्बाले से बजरंग बिहारी तिवारी की बातचीत, कथादेश, सहयात्रा प्रकाशन प्रा. लि., सी-52/जेड-3, दिलशाद गार्डन, दिल्ली-110 095, अगस्त 2004, पृ.-55-7

77. सन्त को नमन, वोल्गा, कथादेश, सहयात्रा प्रकाशन प्रा. लि., सी-52/जेड-3, दिलशाद गार्डन, दिल्ली-110095, दिसम्बर 2003, पृ. 5-6

78. सवर्ण पति बनाम दलित पति, प्रभा खेतान, कथादेश, सहयात्रा प्रकाशन प्रा. लि., सी-52/जेड-3, दिलशाद गार्डन, दिल्ली-110095, जून 2003, पृ.-53-8

79. सार्थक बहस, नरेन्द्र, कथादेश, सहयात्रा प्रकाशन प्रा. लि., सी-52/जेड-3, दिलशाद गार्डन, दिल्ली-110095, सितम्बर 2003, पृ.-6

80. सीमन्तनी उपदेश, समीक्षक हरीश भादानी, नया शिक्षक, टीचर टुडे, जनबरी-मार्च, 1989, पृ.-89, 101

81. 'सीमन्तनी उपदेश' पुस्तक पर चर्चा, नवभारत टाइम्स, नई दिल्ली संस्करण, 24 नवम्बर, 1988, पृ.-1, कालम-1

82. सीमन्तनी उपदेश लेखिका : एक अज्ञात औरत, समीक्षक डा. मो. दि. पराडकर, हिन्दी संघ समाचार, अखिल भारतीय हिन्दी संस्था संघ, नई दिल्ली, मार्च, अप्रैल, मई, 1989, पृ.-56-7

83. स्त्रियों की मर्यादा निर्धारित करने वाले चौधरी धर्मवीर, कौसल्या बैसन्त्री, हंस, 2/36, अन्सारी रोड, दरियागंज, नई दिल्ली-110002, दिसम्बर 2004, पृ.-60-62
84. स्त्रियों की स्थिति पर अनाम औरत की टिप्पणियाँ, मृणाल पांडे, हिन्दुस्तान, नई दिल्ली, 27 जून, 2004
85. स्त्रियों में आत्मसजगता जरूरी है, उत्तिमा केशरी, कथादेश, सहयात्रा प्रकाशन प्रा. लि., सी-52/जेड-3, दिलशाद गार्डन, दिल्ली-110095, सितम्बर 2003, पृ.-6-7
86. स्त्री और दलित प्रश्न, सुदेश तनवीर, कथादेश, सहयात्रा प्रकाशन प्रा. लि., सी-52/जेड-3, दिलशाद गार्डन, दिल्ली-110095, सितम्बर 2003, पृ.-5-6
87. स्त्री-कुंठा, ध्रुव प्रकाश सिंह, कथादेश, सहयात्रा प्रकाशन प्रा. लि., सी-52/जेड-3, दिलशाद गार्डन, दिल्ली-110095, जुलाई 2003, पृ.-7
88. स्त्री विमर्श का शुरुआती पाठ, संजीव ठाकुर, राष्ट्रीय सहारा, 9 अगस्त 2004, www.rashtriyasahara.com
89. स्त्री विमर्श के केन्द्र में देह, मनोज कुमार झा, कथादेश, सहयात्रा प्रकाशन प्रा. लि., सी-52/जेड-3, दिलशाद गार्डन, दिल्ली-110095, दिसम्बर 2003, पृ.-5
90. स्पष्टीकरण का इच्छुक, शेखर, कथादेश, सहयात्रा प्रकाशन प्रा. लि., सी-52/जेड-3, दिलशाद गार्डन, दिल्ली-110095, दिसम्बर 2003, पृ.-5
91. हर अवसर के लिए गांधी, देवदत्त, जनसत्ता, दिल्ली, 13 जुलाई 2003
92. हमें आप के फतवे की परवाह नहीं, प्रोमिला, कथादेश, सहयात्रा प्रकाशन प्रा. लि., सी-52/जेड-3, दिलशाद गार्डन, दिल्ली-110095, जुलाई 2003, पृ.-69

•••